Uwe Berlin

Bergedorfer Leseförderung

Das diagnosegeleitete Programm
zur Steigerung der Lesefähigkeit

Persen Verlag GmbH

Der Autor:

Uwe Berlin – ist Sonderschullehrer und Schulleiter der Haselsteinschule Winnenden (Förderschule).

Der Autor dankt herzlich für die Mitarbeit.

Susanne Allerborn

Marianne Lank

Gabriele Leska

Cornelia Jahn

Ute Lässig

und für die Hasenbilder herzlichen Dank an:

Heike Kastl

Gedruckt auf umweltbewusst gefertigtem, chlorfrei gebleichtem
und alterungsbeständigem Papier.

1. Auflage 2009
Nach den seit 2006 amtlich gültigen Regelungen der Rechtschreibung
© by Persen Verlag GmbH, Buxtehude
Alle Rechte vorbehalten

Das Werk und seine Teile sind urheberrechtlich geschützt. Jede Nutzung in anderen als den gesetzlich zugelassenen Fällen bedarf der vorherigen schriftlichen Einwilligung des Verlages. Hinweis zu § 52 a UrhG: Weder das Werk noch seine Teile dürfen ohne eine solche Einwilligung eingescannt und in ein Netzwerk eingestellt werden. Dies gilt auch für Intranets von Schulen und sonstigen Bildungseinrichtungen.

Illustrationen: Robert Gunkel, Marion El-Khalafawi, Christa Claessen
Satz der Arbeitsblätter: Andrea Wenderoth, Felsberg / Michael Kaan, Buxtehude
Satz des Buches: MouseDesign Medien AG, Zeven

ISBN 978-3-8344-**3674**-0

www.persen.de

Inhaltsverzeichnis

I. Einleitung 4

II. Handhabung des Programms 5

III. Informelle Leseanalyse 5

IV. Grundlage des Förderkonzepts:
ein entwicklungspsychologisches Stufenmodell des Schriftspracherwerbs 6

V. Überprüfung der Lesefähigkeit nach Lesestufen 9

VI. Didaktisch-methodische Prinzipien dieser Leseförderung 11

VII. Zusammenhang von informeller Leseanalyse und -förderung 12

VIII. Fördermaterialien (Übersicht über den Aufbau) 15

    Kapitel A: Phonologische Bewusstheit 16
    Kapitel B: Buchstabe-Laut-Beziehung 42
    Kapitel C: Silbensynthese 59
    Kapitel D: Wortsynthese 84
    Kapitel E: Direktes Worterkennen 98
    Kapitel F: Lesetempo und Lesesicherheit 121
    Kapitel G: Leseverständnis 134

IX. Literatur 153

X. Quellen- und Abbildungsverzeichnis 153

Einführung

I. Einleitung

In der Schulpraxis ist nicht zu übersehen, dass es viele Kinder mit spezifischen Problemen beim Erlernen des Lesens und der Rechtschreibung gibt. Für die Schule besteht somit – Ursachenfrage hin oder her – ein dringender Handlungsbedarf. Das vorliegende Förderkonzept stellt den Versuch dar, diesen Handlungsbedarf durch Prävention und einen Unterricht mit hohem Differenzierungsgrad zu decken.

Die „Bergedorfer Leseförderung" ist eine praxisorientierte Hilfe für den differenzierenden Lese-Rechtschreib-Unterricht. Dieser Unterricht nimmt Rücksicht auf …
- … die individuelle „Passung" der Leseanforderungen,
- … die entwicklungspsychologischen Leselernstufen und
- … die Möglichkeit, im offenen Unterricht selbstständig arbeiten zu können, …

… denn Kinder mit Schwierigkeiten beim Erlernen des Lesens und Schreibens würden in einem gleichschrittigen Unterricht hoffnungslos überfordert sein.

Förderansatz

In diesem Förderkonzept wird – im Sinne der Hamburger Schreibprobe (HSP) – davon ausgegangen, dass die Aufgabe der Schule und anderer Förderung darin besteht, „die Lernenden zum eigenen Tun" anzuregen, ihnen „vielfältige Gelegenheiten zum Erproben" zu bieten und ihnen „entsprechend ihrem Lernstand gezielte Rückmeldungen" zu geben, „die sie konstruktiv aufnehmen können" (MAY: HSP 1998, S. 113).

Im Sinne einer wirksamen Prophylaxe von Lese- und Rechtschreibproblemen kann im Unterricht mithilfe der „Bergedorfer Leseförderung" auf ganz unterschiedliche Lernvoraussetzungen und zeitlich unterschiedliche Lernentwicklungen Rücksicht genommen werden. Die konkrete Umsetzung dieses Vorhabens liegt hier in Form eines breiten Angebots an Fördermaterialien vor. Dieses Materialangebot, das die verschiedenen Leselernstufen aus dem entwicklungspsychologischen Ansatz berücksichtigt, kann wesentlicher Teil der in jeder Klasse individuell vorzubereitenden Leseumgebung sein.

Notwendig bei jeglicher Förderung ist, möglichst frühzeitig problematische Lernwege zu erkennen und zu analysieren, um daraus förderdiagnostische Konsequenzen zu ziehen. Aus diesem Grund wurde dem Materialangebot ein informelles Verfahren vorangestellt, mit dessen Hilfe die aktuelle Aneignungsstufe im Leselernprozess des Kindes ermittelt werden kann.

Im Anschluss an diese informelle Leseanalyse kann dann leicht dasjenige Material gefunden werden, das im Sinne einer didaktischen Landkarte des Lesens an der passenden Stelle ansetzt. Es sollten ganz bewusst didaktische „Rundumschläge" vermieden werden.

Die Fördermaterialien sind so aufgebaut, dass sich die Kinder wie auf einer didaktischen Leiter bei Erreichen einer Lesestufe weiter vorwärts, aber auch seitwärts oder wieder auf eine niedrigere Lesestufe begeben können.

Es wird in diesem Ansatz also ein Vorgehen vorgeschlagen, das es erlaubt, an eine einfach zu handhabende Leseanaylse möglichst präzise individuelle Übungsmöglichkeiten anzuschließen.

Das vorgelegte Förderprogramm ist in erster Linie ein Leseförderprogramm. Es beinhaltet aber in allen Stufen, insbesondere im Teil E auch explizit Rechtschreibförderung.

Zu allen Förderübungen liegt im Buch und auf der CD jeweils eine Leitkarte vor, die Lehrerinnen und Lehrern eine Übersicht über die benötigten Materialien, die Förderschwerpunkte, die Instruktionen und die Art der (Selbst-)Kontrolle gibt. Die Fördermaterialien liegen in ausgearbeiteter Form auf CD-Rom vor. Auf Papier oder Karton ausgedruckt können sie ohne viel Aufwand als individuell handhabbare Arbeitsmittel im Unterricht eingesetzt werden. Lehrerinnen und Lehrer können also recht schnell, ohne vorher kopieren, malen oder kleben zu müssen, genau passende Materialien einsetzen, denn die Kartei ist umfangreich, ausdifferenziert und nach didaktischen Kriterien aufgebaut.

Handhabung des Programms

II. Handhabung des Programms

Die **„Übersicht über den Aufbau der Fördermaterialsammlung"** (S. 15) bietet einen Gesamtüberblick über Konzeption und Aufbau der auf der CD-Rom zusammengestellten Fördermaterialien.

Auf der **CD-Rom** befinden sich die beiden Hauptordner: „Diagnose" und „Fördermaterialien".
Im **Ordner „Diagnose"** finden Sie das DiagnosemateriaI und den Protokollbogen.
Im **Ordner „Fördermaterialien"** finden Sie in der Reihenfolge des didaktischen Aufbaus der Materialsammlung alle Materialien gegliedert in die (Unter-)Ordner:

A: Phonologische Bewusstheit
B: Buchstaben-Laut-Beziehung
C: Silbensynthese
D: Wortsynthese
E: Direkte Worterkennung
F: Lesetempo
G: Leseverständnis

Jeder dieser Ordner von A bis G ist untergliedert in die Dateien: „Leitkarten" und „Materialien". In den **„Leitkarten" (z.B. A 1.1)** finden Sie genaue Instruktionen zu den Förderübungen. Alle Leitkarten sind wie die Materialdateien durchnummeriert, damit eine einfache Zuordnung möglich ist. Außerdem bieten die Leitkarten folgende Informationen:

- eine Einordnung im entwicklungspsychologischen Modell der Leselernstufen,
- eine Liste der benötigten Materialien,
- die Förderschwerpunkte,
- die Instruktion für das Kind,
- ggf. Übungsvarianten und
- die Art der (Selbst-)Kontrolle.

Es empfiehlt sich dem vorbereiteten Material jeweils einen Ausdruck der zugehörigen Leitkarten beizulegen. Auf diese Weise haben Sie immer die passenden Arbeitsanweisungen parat. Alle Leitkarten sind außerdem im Buch ab Seite ?? abgedruckt.

In den **Materialdateien (z.B. MA 1.1)** finden Sie zu den auf den Leitkarten vorgestellten Übungen entsprechende Vorlagen zum Ausdrucken vor. Die Materialien sind durchnummeriert und beinhalten außerdem eine Liste der zusätzlichen Materialien und Hinweise zu deren Verarbeitung und Vorbereitung.

In der Regel können die Materialien ausgedruckt und direkt verwendet werden. Einige Materialien, z.B. Bilder- und Buchstabenkärtchen, müssen noch ausgeschnitten werden. Für eine längere Lebensdauer empfiehlt es sich, die Materialien zu laminieren.

Bei eingelegter Material-CD gelangen Sie einfach durch das Anklicken der Datei **„Doppelklick zum Starten.html"** in das Menü der CD, über das Sie bequem die gewünschte Datei öffnen können.

Alle Dateien der CD-Rom liegen im pdf-Format vor, sodass Sie außer einem Acrobat-Reader keine weiteren Programme benötigen, um sie zu öffnen.

III. Informelle Leseanalyse

In Folgendem wird ein informelles Verfahren vorgestellt, mit dem die jeweilige Leselernstufe schnell gefunden werden kann. Dieses gut handhabbare Programm bietet außerdem präzise Verweise zu Fördermaßnahmen, sodass die Förderung gleich an der richtigen Stelle beginnen kann (siehe dazu auch den Diagnose-Ordner auf der CD).

Grundlage des Förderkonzeptes

Ziele der systematischen Lernbeobachtung

Erstes Ziel ist es, die spezifische Zugriffsweise des Kindes beim Lesen zu erfassen. Zweites Ziel ist die qualitative Feststellung des Standes der Lesefähigkeit. Es geht nicht um eine Zuerkennung des Prädikats „Legastheniker", sondern um die Möglichkeit, bei auftauchenden Schwierigkeiten möglichst frühzeitig und mit an der Schule vorhandenen Mitteln pädagogische Hilfen einzuleiten.

Methode

Das gewählte diagnostische Vorgehen ist im konzeptionellen Aufbau teilweise an das Vorgehen im DLF 1–2 (MÜLLER 1984) (Es wird in Gruppen zur Speicherung häufiger Wörter, in eine Gruppe „Segmentierung" und in eine Gruppe „Schwierige Buchstaben" unterschieden) und an das Vorgehen im SLRT (LANDERL 1997) (Unterscheidung der Bereiche „synthetisches Lesen", „automatische direkte Worterkennung" und „Textlesen") sowie an den Mottier-Test angelehnt.

Es wird eine qualitative Analyse des individuellen Zugriffs auf die jeweilige Leselernstufe versucht. Die gefundenen Problemstellen sollen zum einen Hinweise auf das aktuelle Niveau des Leselernprozesses geben. Zum anderen sollen Informationen für eine Übungsserie zusammengestellt werden können.

Es ist dem Verfasser bekannt, dass die genannten lesediagnostischen Vorgaben weniger einem entwicklungspsychologischen Stufenmodell als vielmehr einem kognitions- und neuropsychologischen Modell entstammen, in dem „der Lesevorgang ... als ein Zusammenwirken von Teilfertigkeiten betrachtet (wird), die relativ unabhängig voneinander funktionieren, die auf verschiedenen Lernstufen eine unterschiedliche Rolle spielen, die relativ unabhängig voneinander beeinträchtigt sein können" (siehe SLRT von LANDERL 1997, S. 7).

Wenn hier trotzdem diesen Ansätzen teilweise gefolgt wird, dann deswegen, weil im Unterschied zu aufwändigeren Transkriptionsverfahren eine ökonomische und sehr praxisnahe Möglichkeit gesucht wurde, mit der die spezifische Zugriffsweise innerhalb der Leselernstufe des Kindes relativ schnell gefunden werden kann. Wenn das Kind eine neue Leselernstufe selbstständig nach Maßgabe eigener Fähigkeiten und Interessen erreichen oder bereits erlangte Kenntnisse vertiefen kann, besteht die größte Chance auf eine Förderung durch Prophylaxe. Voraussetzung dafür ist allerdings eine möglichst breit gefächerte „vorbereitete Leseumgebung", für die die vorliegende Materialsammlung einen reichen Fundus an Aufgaben und Übungen bietet.

IV. Grundlage des Förderkonzepts: ein Stufenmodell des Schriftspracherwerbs

In der alltäglichen Schulpraxis hat sich gezeigt, dass Lehrer/innen bemüht sind, den Kindern mit Problemen im Lesenlernen unter anderem durch differenzierte Maßnahmen Hilfestellung anzubieten. Problematisch allerdings scheint zu sein, das Prinzip der Passung auch einzulösen.

Die „Bergedorfer Leseförderung" stellt deshalb den Versuch dar, über eine informelle Leseanalyse Lehrer/innen eine Zugangsstelle zur möglichen Leselernstufe des Kindes zu liefern. Vor allem aber bietet sie eine Fülle fertiger Materialien an, mit denen dem Kind ein Lernangebot „auf Passung" gemacht werden kann.

Selbstverständlich ist – mit der fertigen Ausarbeitung aller Materialien – im Sinne der „vorbereiteten (Lese)-Umgebung" ein Angebot gemacht, in dem das Kind auch die Wahlfreiheit haben kann. Um Orientierung für Kinder und Lehrer zu schaffen, könnten die Aufbewahrungsschachteln der Materialien der einzelnen Stufen beispielsweise in unterschiedlichen Farben markiert werden.

Die Einordnung der Materialien wurde in Anlehnung an ein entwicklungspsychologisches Stufenmodell des Lesen- und Rechtschreiblernens vorgenommen, wie es bei Ganser dargestellt ist (Ganser 2000 S. 7ff).

Grundlage des Förderkonzeptes

Es wurde konkret versucht, „den Lesern sowohl die Bestimmung des Entwicklungsniveaus als auch die Zuordnung passender Fördermaßnahmen" (Ganser 2000, S. 10) zu erleichtern.

In diversen Stufenmodellen (siehe dazu z.B. Wedel-Wolff, 1997 S.56) können nämlich typische Entwicklungsschritte des Lesens deutlich werden, „die meist in dieser Reihenfolge ablaufen" (Wedel-Wolff, 1997, S. 55).

Diesen „typischen, meist regelhaften" Abläufen wurde einerseits ein informelles Verfahren der Leseüberprüfung (siehe S.9 ff) sowie eine Fördermaterialiensammlung (siehe S.17 ff) gegenübergestellt.

Damit ist die Materialiensammlung „kompatibel" zu diversen Stufenmodellen und kann auch bei Nutzung anderer lesediagnostischer Verfahren eingesetzt werden.

Im Folgenden sind in einer Matrix die Abfolgen eines kognitiven Modells zum Schriftspracherwerb, die Stufen des entwicklungspsychologischen Ansatzes sowie die hier vorgelegte Fördermaterialsammlung mit den jeweils vorherrschenden Grobzielen gegenübergestellt.

Kognitives Erklärungsmodell des Schriftspracherwerbs (BREUER u. a. 1998, S. 24)	Entwicklungspsychologisches Stufenmodell des Lesen- und Rechtschreibenlernens (GANSER 2000, S. 9 ff.)	Fördermaterialsammlung (jeweilige Abschnitte und jeweils vorherrschende Lernziele)
Kritzelbriefe „Gesprochenes kann aufgeschrieben werden, noch keine Buchstabenkenntnis, kein Bezug zu den Lauten der Sprache …"	*1. Logographemische Stufe* • Zeichen können für „etwas" stehen. • Buchstaben haben eine ganz bestimmte Form. • Wörter unterscheiden sich durch verschiedene Buchstaben. • Wörter unterscheiden sich über visuelle Auffälligkeiten, wie z. B. die Wortlänge oder durch spezielle Ober- oder Unterlängen usw. **Kurz:** Wörter werden wie ein Bild oder ein Logo ganz erkannt.	**Teil A:** Phonologische Bewusstheit Übungen zur Strukturierung von Sprache und akustische Übungen zur Lautanalyse und Synthese **Teil B:** Buchstaben-Laut-Beziehung mit vielen Sinnen Übungen zur Buchstaben-Laut-Beziehung

Grundlage des Förderkonzeptes

Alphabetische Schreibungen:	2. Alphabetische Stufe	Teil C:
„Jeder Buchstabe steht für einen bestimmten Laut."	Lauterkennung, Lautunterscheidung und Phonem-Graphem-Zuordnung stehen zur Unterscheidung von Wörtern zur Verfügung. **Kurz:** Das Wort besteht aus vielen einzelnen Buchstaben. Jeder Buchstabe entspricht einem dazugehörigen Laut: „Ich schreibe, wie ich spreche."	Synthesearbeit (Silbensynthese) • Übungen zum Zusammenlauten • Analyse und Synthese von Lauten • Kenntnis des Graphems • Kenntnis der Phonem-Graphem-Verbindung **Teil D:** Synthesearbeit (Wortsynthese) Kenntnis der Phonem-Graphem-Verbindung
	3. Orthographische Stufe • Regelhafte Schreibungen werden entdeckt. • Nicht lautgetreu zu schreibende Wörter werden gemerkt. • Abweichende Schreibstrategien werden abgespeichert. • Schreibregeln werden in Erinnerung gerufen. **Kurz:** Wörter werden direkt und ohne phonetische Dekodierung erkannt. Rechtschreibregeln werden erkannt.	**Teil E:** Direkte Worterkennung • häufige Wörter • schwierige Buchstabengruppen
Lesen als Erfahrungsgrundlage in der Produktion eigener Texte	**4. Morphematische Stufe** • Durch viel Übung können nun häufige Buchstabenverbindungen und Wortsegmente „automatisiert" gelesen und geschrieben werden. • die Buchstabenebene kann verlassen werden. • Erfasst werden nun Silben und Morpheme. • Lesen kann daher durch andere Verarbeitungseinheiten mit geringerem Aufwand geschehen.	**Teil E:** Direkte Worterkennung • Signalgruppen • Segmentierungen **Teil F:** Lesetempo • Erhöhung des Lesetempos • Verbesserung der Leseflüssigkeit

Überprüfung der Lesefähigkeit nach Lesestufen

	Kurz: Die Erschließung der Wortbedeutung und auch das Spiel mit den Wortstrukturen (Vor- und Nachsilben, Wortstämmen, Wortbausteine, Wortfelder) stehen nun im Mittelpunkt und ermöglichen eine Steigerung der Lesegeschwindigkeit. Die Buchstabenebene als Verarbeitungseinheit kann verlassen werden.	
	5. Die wortübergreifende Strategie – die Stufe des sinnentnehmenden Lesens Sinnentnahme ist durch die Verringerung des Anteils der reinen Lesetechnik immer mehr möglich. **Kurz:** Durch Rückgriff auf den Gesamttext kann die Bedeutung des Wortes erkannt werden. Die reine Lesetechnik erfordert immer weniger Aufmerksamkeit.	**Teil G:** Sinnerfassendes Lesen Verbesserung des Leseverständnisses

V. Überprüfung der Lesefähigkeit nach Lesestufen

Das Grob-Screening-Verfahren zur Ermittlung des Lesestandes ist ein Verfahren, in dem die einzelnen Testaufgaben in Kartenform vorgelegt werden. Die Ergebnisse können in einen Protokollbogen eingetragen werden, der auf hilfreiche Übungen im Fördermaterial verweist.

1. Logographemische Stufe

Überprüfung der phonologischen Fertigkeiten
Es sollen Hinweise dafür gefunden werden, inwieweit sich das Kind die Strukturen der Sprache in Bezug auf Satz-, Wort-, Silben- und Lautebene angeeignet hat. Gibt es Hinweise auf eine Schwäche im Bereich der phonologischen Verarbeitung?

Für diesen Bereich liegen folgende Prüfmöglichkeiten vor:

Karte 1.1: Ein Satz ist aus einzelnen Wörtern aufgebaut
Karte 1.2: Silbengliederung
Karte 1.3: Anlaute erkennen
Karte 1.4: Reimwörter erkennen
Karte 1.5: Lautsynthese
Karte 1.6: Lautanalyse

Überprüfung der Lesefähigkeit nach Lesestufen

Überprüfung der Fähigkeit zum synthetisierenden lautierenden Lesen

Buchstabenkenntnis
Welche Buchstaben sind in der Phonem-Graphem-Beziehung bekannt?
Für diesen Bereich liegen folgende Prüfmöglichkeiten vor:

Karte 2.1: Buchstabenkenntnis

2. Alphabetische Stufe

Buchstaben und Silbensynthese
Die Fähigkeit, Buchstaben und einzelne Silben zu Wörtern zu synthetisieren, ist eine wichtige Voraussetzung, um selbstständig unbekannte Texte zu entschlüsseln. In der vorliegenden Leseprüfung kann mit den einzelnen hierarchisch angeordneten Lernstufen diejenige Lesestufe bei der Silbensynthese ermittelt werden, die das Kind schon beherrscht. Es liegen folgende Prüfmöglichkeiten der Buchstaben- und Silbensynthese vor:

Karte 2.2.1: 2 Buchstaben (Konsonant-Vokal) (kurz: K-V)
Karte 2.2.2: 3 Buchstaben K-V-K, V-K-V
Karte 2.2.3: 2-silbige Wörter, wobei die Silben nur zwei Buchstaben haben
Karte 2.2.4: 2-silbige Wörter
Karte 2.2.5: 3-silbige Wörter
Karte 2.2.6: 4-silbige Wörter

Indianerwörter – Lesen von Pseudowörtern als Test für Beeinträchtigungen des synthetischen Lesens
Am einfachsten kann eine defizitäre Strategie beim synthetisierenden Lesen über sogenannte Pseudowörter erfolgen, weil beim Pseudowort weder die Buchstabenabfolge noch die Aussprache einem existierenden Wort entspricht. Insofern geben Schwächen bei den Pseudowörtern Auskunft über eine beeinträchtigte Strategie des synthetisierenden Lesens. Für diesen Bereich liegen folgende Prüfmöglichkeiten vor:

Karte 2.3.1: Wortaufbau synthetisierend (Unsinnwörter)

3. Orthographische / 4. Morphematische Stufe

Überprüfung der Fähigkeit zur automatischen direkten Worterkennung

a) Speicherung häufig vorkommender Wörter oder Wortteile
Auffällig lange Lesezeiten bei den „häufigen Wörtern" oder auch bei den Signalgruppen können ein Hinweis darauf sein, dass der Prozess des direkten Lesezugriffs noch nicht erfolgt ist, d.h., dass noch keine Strategie für schnelles oder fortgeschrittenes Lesen angewendet wird. Es liegt folgende Prüfmöglichkeit vor:

Karte 3.1: Speicherung häufig vorkommender Wörter oder Wortteile

b) Schwierige Buchstabengruppen
Mit dieser Testaufgabe ist es möglich, festzustellen, ob und ggf. welche Konsonantengruppen schon angeeignet wurden. Der Schwierigkeitsgrad nimmt dabei beim Subtest von zwei auf drei bis zu vier Konsonanten zu.
Es liegt folgende Prüfmöglichkeit vor:

Karte 3.2: schwierige Buchstabengruppen

c) Signalgruppen
Signalgruppen sind einsilbige phonetische Einheiten, die mehr als zwei Buchstaben umfassen und in vielen der häufigeren Wörter auftreten. Signalgruppen werden mit Einzelbuchstaben zu Wörtern synthetisiert. Es liegt folgende Prüfmöglichkeit vor:

Karte 3.3: Signalgruppen

d) Zusammengesetzte Wörter
Es kann festgestellt werden, ob das Kind aus Morphemen zusammengesetzte Wörter schnell erlesen kann. Ergeben sich z. B. deutlich längere Lesezeiten? Dafür liegt folgende Prüfmöglichkeit vor:

Karte 3.4: Segmentierung (Morpheme in Wörtern erkennen)

e) Leseflüssigkeit
Inwieweit hat das Kind die direkte Worterkennung und das synthetische Lesen miteinander kombiniert? Welche Lesestrategie wird ange-

Didaktisch-methodische Prinzipien

wendet: z. B. Überlesen – impulsiv, genaues Lesen – rezeptiv? Es liegen folgende Prüfmöglichkeiten vor:

Karte 3.5: Leseflüssigkeit – Unterscheidung ähnlicher Wörter im Satz
Karte 3.6: Leseflüssigkeit – Schlangenlesen
Karte 3.7: Leseflüssigkeit – zusammengesetzte Namenwörter

5. Stufe der Sinnentnahme

Überprüfung der Fähigkeit zum sinnerfassenden Lesen

Leseverständnis
Der kompetente Leser zeichnet sich nach WEDEL-WOLFF dadurch aus, dass er vier Zugriffsweisen beim Lesen beherrscht, einsetzt und miteinander verknüpft:

1. die Buchstaben-Laut-Ebene
2. bekannte Wörter und Wortteile
3. syntaktische Begrenzungen und
4. Sinnstützen

Letztlich „müssen alle vier Zugriffsweisen ausgebildet und in ihrem Zusammenspiel in vielfältigen Anwendungssituationen geübt werden" (WEDEL-WOLFF 1997, S. 58). Denn: „Lesen ist aktiver problemlösender Akt, bei dem neben Buchstaben Kontextbezüge zum Finden des richtigen Sprechwortes notwendig sind." (WEDEL-WOLFF 1997, S. 55).
Es liegen folgende Prüfmöglichkeiten vor:

Karte 4.1: sinnerfassendes Lesen – Ausführen von Handlungsanweisungen
Karte 4.2: sinnerfassendes Lesen – Erfassen von Sinnwidrigkeiten

VI. Didaktisch-methodische Prinzipien dieser Leseförderung

1. Prinzip
Das Diagnoseverfahren ist mit dem Materialangebot an jeder didaktischen Stelle kompatibel (siehe Kap. VII).

2. Prinzip
Das Materialangebot repräsentiert in didaktisch hierarchisch gegliederten Blöcken die Stufen des Leselernprozesses, wie sie der Struktur nach in kognitiven und entwicklungspsychologischen Modellen zum Leselernprozess dargestellt sind.

3. Prinzip
Die Blöcke sind in sich ebenfalls nach Schwierigkeitsstufen geordnet (siehe S. 15).

4. Prinzip
Das Materialangebot wird als Teil einer je individuell auszugestaltenden „Leseumgebung" aufgefasst.

5. Prinzip
Die Methode basiert auf den Prinzipien des offenen Unterrichts.
Die Wahl- und Zeitfreiheit sowie die Wahl des Arbeitspartners kann mindestens innerhalb der einzelnen Lesestufe gegeben sein.

Leseanalyse und -förderung

VII. Zusammenhang von informeller Leseanalyse und -förderung

Es geht hier nicht nur um eine rein matrixartige Gegenüberstellung von festgestellter Lesestufe und entsprechendem Förderschwerpunkt. Vielmehr sei noch einmal ausdrücklich darauf hingewiesen, dass mit einer Materialsammlung, die aufeinander aufbaut, im differenzierenden Unterricht die Chance auf ein leiterähnliches didaktisches Auf und Ab besteht, sodass immer eine Bandbreite von Fördermöglichkeiten vorhanden ist. Diese Bandbreite erlaubt dem Kind den nächsthöheren Schritt des Lernens zu tun. Genauso kann es aber auch auf einer Stufe verweilen oder aber zurückgehen, wenn es ihm notwendig erscheint. Wenn hier trotzdem eine Art Matrix dargestellt ist, so nur deshalb, um Lehrerinnen und Lehrern auf einen Blick Anhaltspunkte für einen eventuellen Zusammenhang zwischen durchgeführter Diagnostik und eingesetztem Fördermaterial zu geben.
(Siehe Matrix, S. 12 bis 14).

Logographemische Stufe	
festgestellte Lesestufe	Fördermöglichkeiten
1 Phonologische Fertigkeiten	
1.1–1.4 - Sätze bestehen aus Wörtern - Wörter kann man in Silben gliedern - Lautdifferenzierung/-speicherung	z. B. A 1 A 2 A 3
1.5–1.6 Lautsynthese/Lautanalyse	z. B. A 3 – A 7
2 Synthetisierendes lautierendes Lesen	
2.1 Buchstabenkenntnis	z. B. B 1 – B 3

Leseanalyse und -förderung

Alphabetische Stufe	
festgestellte Lesestufe	Fördermöglichkeiten
2.2.1 Buchstaben- und Silbensynthese (2 Buchstaben: K–V)[1]	z. B. C 1
2.2.2 Buchstaben- und Silbensynthese (3 Buchstaben: K–V–K, V–K–V)	z. B. C 2
2.2.3, 2.2.4 Buchstaben- und Silbensynthese 2-silbige Wörter	z. B. C 2 – C 3
2.2.5 Buchstaben- und Silbensynthese 3-silbige Wörter	z. B. C 4
2.2.6 Buchstaben- und Silbensynthese 4-silbige Wörter	z. B. C 4
2.3.1 Wortaufbau synthetisierend	z. B. D 1 – D 2

[1] K = Konsonant
V = Vokal

Leseanalyse und -förderung

Orthographisch/Morphematische Stufe	
festgestellte Lesestufe	Fördermöglichkeiten
3 Automatische direkte Worterkennung	
3.1 Speicherung häufig vorkommender Wörter oder Wortteile	z. B. E 1
3.2 schwierige Buchstabengruppen	z. B. E 2
3.3 Signalgruppen	z. B. E 3
3.4 zusammengesetzte Wörter	z. B. E 2, E 4
3.5 - 3.7 Leseflüssigkeit	z. B. E 1 – E 4 F 1 – F 3 G 1

Stufe des sinnerfassenden Lesens	
festgestellte Lesestufe	Fördermöglichkeiten
Sinnerfassendes Lesen	
4.1 Erfassen des Leseverständnisses	z. B. F 1 – F 3 G1 G 2 – G 4

VIII. Fördermaterialien (Inhalt und Leitkarten)

Übersicht über den Aufbau

Logographemische Stufe	Kap. A	**Förderung der phonologischen Bewusstheit durch:** A1 Aufbau von Sprachstrukturen am Bsp. „Wort" A2 Aufbau von Sprachstrukturen am Bsp. „Silbe" A3 „Laute" kann man hören A4 Heraushören des Anlautes A5 Heraushören von Anlaut, Inlaut, Auslaut A6 Heraushören von Gleichheiten A7 Heraushören von Silben
	Kap. B	**Förderung der Buchstaben-Laut-Beziehung durch:** B1 Buchstaben sind Zeichen B2 Buchstaben kann man mit vielen Sinnen erfassen B3 Buchstaben kann man lesen und schreiben
Alphabetische Stufe	Kap. C	**Förderung der Silbensynthese durch:** C1 Verbindung zweier Buchstaben zur Silbe C2 Verbindung mehrerer Buchstaben C3 Verbindung zweier Silben zu Wörtern C4 Verbindung mehrerer Silben zu Wörtern, Sätzen oder Silbenketten
Orthographisch-morphematische Stufe	Kap. D	**Förderung der Wortsynthese durch:** D1 Buchstabensynthese mit lauttreuen Wörtern D2 Einige Wörter lesen
	Kap. E	**Förderung der direkten Worterkennung durch:** E1 Aufbau eines Minimalwortschatzes E2 Schwierige Buchstabengruppen E3 Signalgruppen E4 Zusammengesetzte Wörter
	Kap. F	**Förderung der Lesetechnik durch:** F1 Verbesserung der Leseflüssigkeit
Stufe des sinn-erfassenden Lesens		F2 Schwierige lange Wörter F3 Erhöhung des Lesetempos
	Kap. G	**Förderung des Leseverständnisses durch:** G1 Vergrößerung der Blickspanne G2 Übungen zum Sinnschrittlesen G3 Übungen zur Bedeutungserfassung G4 Übungen zur Satzgestalt

> Der Aufbau der einzelnen Kapitel: Kapitel A

A Förderung der phonologischen Bewusstheit

A 1 Aufbau von Sprachstrukturen am Beispiel „Wort"
- A 1.1 Wörter zählen 17
- A 1.2 Welches Bild passt? 18
- A 1.3 Baue den Satz! 19

A 2 Aufbau von Sprachstrukturen am Beispiel „Silbe"
- A 2.1 Die Robotersprache 20
- A 2.2 Wie viele Treppenstufen? 21
- A 2.3 Das längste Wort 22

A 3 Laute kann man hören
- A 3.1 Mundbild-Lotto 23
- A 3.2 Buchstabentürme 24
- A 3.3 Mundbild-Reihen 25

A 4 Heraushören des Anlauts
- A 4.1 Ich sehe was, was du nicht siehst … 26
- A 4.2 Anlautpuzzles 27
- A 4.3 Hör genau! 28
- A 4.4 Anlaut-Domino 29

A 5 Heraushören von Anlaut, Inlaut, Auslaut
- A 5.1 Eisenbahnmodell 30
- A 5.2 Bewegliches Alphabet 31
- A 5.3 Anlaut-Endlaut-Domino 32

A 6 Heraushören von Gleichheiten (Minimalpaare)
- A 6.1 Reimwörter-Memory 33
- A 6.2 Reimwörter-Triade 34

A 7 Heraushören von Silben in Wörtern
- A 7.1 Silbenhüpf 35
- A 7.2 Silben hören (1) 36
- A 7.3 Silben hören (2) 37
- A 7.4 Silben hören (3) 38
- A 7.5 Silben greifen 39
- A 7.6 Vokale legen 40
- A 7.7 Silben schreiben 41

Wörter zählen

Leitkarte A 1.1

logographemische Stufe

Material:

- Kassette (mit 10 Sätzen)
- Kassettenrekorder
- Muggelstein-Legetafel
- 50 Muggelsteine*

Förderschwerpunkte:

- Akustische Analyse von Wörtern
- Erfahren, dass Sätze aus Wörtern aufgebaut sind

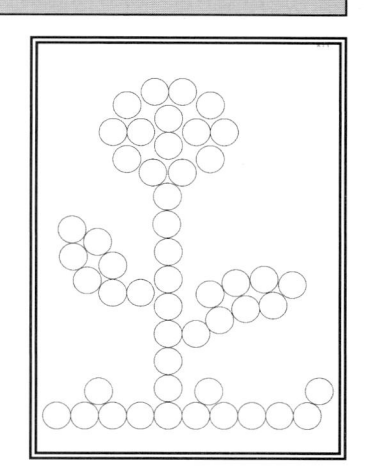

Instruktion:

1. Hole dir einen Kassettenrekorder.
2. Lege die Legetafel und die Muggelsteine vor dich hin.
3. Höre dir den ersten Satz der Kassette an.
4. Lege für jedes Wort des Satzes genau einen Muggelstein auf eines der Leerfelder der Legetafel.

Selbstkontrolle:

Sind nach den 10 Sätzen gerade alle Felder der Legetafel mit Muggelsteinen belegt, dann hast du die Aufgabe richtig bearbeitet.

---

* auch als Glasnugget oder Dekosteine bekannt. Es können auch andere Legeplättchen verwendet werden

Uwe Berlin: Bergedorfer Leseförderung
© Persen Verlag GmbH, Buxtehude

Welches Bild passt?

Leitkarte A 1.2

logographemische Stufe

Material:

- Kassette (mit 10 Sätzen)
- Kassettenrekorder
- 10 Bildkarten
- Kontrollkarte

Förderschwerpunkte:

- Akustische Analyse von Wörtern
- Erfahren, dass Sätze aus Wörtern aufgebaut sind

Instruktion:

1. Lege die Bildkarten aus.
2. Hole dir einen Kassettenrekorder und lege die Kassette ein.
3. Höre dir den ersten Satz an.
4. Welches Bild gehört dazu? Lege es vor dich hin.
5. Höre dir nun den nächsten Satz an und suche das Bild dazu.
6. Lege das passende Bild rechts neben das andere ausgewählte Bild usw.

Selbstkontrolle:

Auf der Kontrollkarte sind die Bilder in der richtigen Reihenfolge abgedruckt.

Baue den Satz!

Leitkarte A 1.3

logographemische Stufe

Material:

- Kassette mit 12 Sätzen
- Kassettenrekorder
- 24 Bildkarten
- 48 Muggelsteine*
- Kontrollkarte zu „Baue den Satz!"
- Kontrollkarte zur Variante „Welches Wort hat sich verändert?"

Förderschwerpunkte:

- Akustische Analyse von Wörtern
- Erfahren, dass Sätze aus Wörtern aufgebaut sind

Instruktion:

1. Lege die Bildkarten aus.
2. Hole dir einen Kassettenrekorder und lege die Kassette ein.
3. Höre dir den ersten Satz an und lege ihn bildlich mit Muggelsteinen und Bildern vor dich hin.
4. Das geht so: Hörst du ein Wort, das als Bild vorhanden ist, lege das Bild aus.
   Für jedes andere Wort des Satzes legst du einen Muggelstein aus.
5. So entsteht für jeden Satz auf der Kassette eine Reihe aus Muggelsteinen und Bildern.

Selbstkontrolle:

Vergleiche mit den Kontrollkarten.

---

* auch als Glasnugget oder Dekosteine bekannt. Es können auch andere Legeplättchen verwendet werden

Die Robotersprache

Leitkarte A 2.1

logographemische Stufe

Material:

- besprochene Kassette
- Kassettenrekorder
- 16 Bildkarten
- 16 Silbenbögenkarten
- 3 Kontrollkarten
- Folienstift

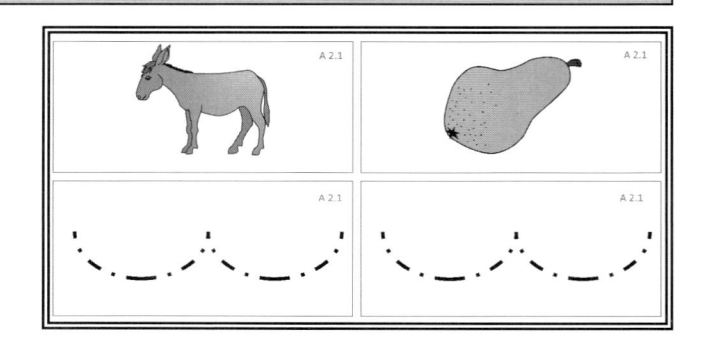

Förderschwerpunkte:

- Aufbau einer phonologischen Bewusstheit für Silben
- Konzentration auf die Lautbestandteile der Sprache
- Förderung der Segmentationsfähigkeit von Wörtern

Instruktion:

1. Hole dir Kassettenrekorder und Kassette.
2. Lege die Kassette ein und höre dir das erste Wort an.
3. Findest du das passende Bild zum Wort?
4. Findest du die passende Silbenbögenkarte zum Wort?
5. Ziehe die Bögen mit dem Stift nach.

Selbstkontrolle:

Vergleiche mit den Kontrollkarten.

Wie viele Treppenstufen?

Leitkarte A 2.2

logographemische Stufe

Material:

- 21 Bildkarten (je vier 1-, 2-, 3-, 4- und 5-silbige Begriffe sowie ein 6-silbiger)
- 21 Silbenbögenkarten
- Kontrollkarte
- Filzstift

Förderschwerpunkte:

- Aufbau einer phonologischen Bewusstheit für Silben
- Konzentration auf die Lautbestandteile der Sprache
- Förderung der Segmentationsfähigkeit von Wörtern

Instruktion:

1. Hole dir die Bildkarten, misch sie und leg sie auf einen Stapel.
2. Hole dir die Silbenbögenkarten und leg sie offen aus.
3. Nimm die erste Bildkarte vom Stapel auf.
4. Sprich den Namen des abgebildeten Gegenstands in „Robotersprache" aus und mal beim Sprechen für jede Silbe einen Silbenbogen in die Luft.
5. Wie viele Silben hat das Wort? Nimm dir eine passende Silbenbögenkarte und den Filzstift.
6. Male die Silbenbögen beim Sprechen mit dem Filzstift nach.
7. Nun hüpfe die Silben auf der Treppe ab. Dazu sprich das Wort noch einmal in Robotersprache. Beginn vor der ersten Treppenstufe und hüpf ganz vorsichtig beim Sprechen bei jeder Silbe eine Stufe höher.
8. Lege die Bildkarte auf jener Stufe ab, auf der du am Schluss gelandet bist.
9. Dann nimm dir die nächste Bildkarte vor usw.

Selbstkontrolle:

Auf der Rückseite einer Bildkarte steht jeweils die Anzahl der Silben, die das abgebildete Wort hat. Stimmt sie mit der Anzahl der gehüpften Treppenstufen überein, ist deine Lösung richtig. Außerdem sind auf einer Kontrollkarte alle Wörter nach Silbenanzahl unterteilt aufgeführt.

Das längste Wort

Leitkarte A 2.3

logographemische Stufe

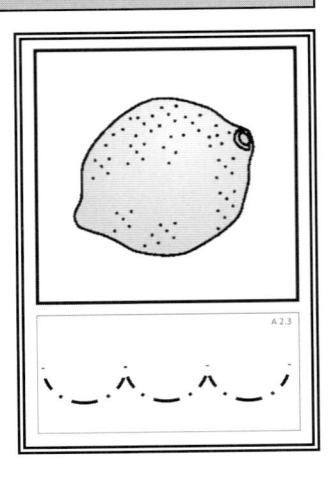

Material:

- Kassette (mit Text und Tamburin-Schlägen)
- Kassettenrekorder
- 20 Bildkarten
- 20 Silbenbögenkarten
- wasserlöslicher Filzstift

Förderschwerpunkte:

- Aufbau einer phonologischen Bewusstheit für Silben
- Konzentration auf die Lautbestandteile der Sprache
- Förderung der Segmentationsfähigkeit von Wörtern

Instruktion:

1. Hole dir Kassettenrekorder, Kassette, Bildkarten und Silbenbögenkarten.
2. Höre dir die Kassette an und befolg die Anweisungen.
3. Jeder Tamburinschlag steht für eine Silbe eines Wortes.
4. Male für jeden Schlag einen Silbenbogen in die Luft.
5. Welches Wort hat so viele Silben? Suche dir ein passendes Bild heraus und sprich dir das Wort in Robotersprache vor. So kannst du nochmals prüfen, ob die Anzahl der Silben mit der Anzahl der Schläge übereinstimmt.
6. Lege nun eine passende Silbenbögenkarte neben die Bildkarte.
7. Fahre die Silbenbögen mit deinem Stift nach und sprich das Wort dabei in Robotersprache aus.
8. Höre dir nun die nächsten Tamburinschläge an. Wie viele sind es?

usw.

Selbstkontrolle:

durch deine Lehrerin oder deinen Lehrer.

Mundbild-Lotto

Leitkarte A 3.1

logographemische Stufe

Material:

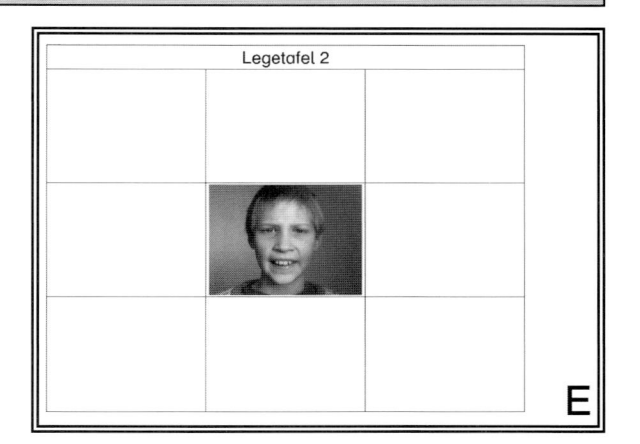

- 5 Legetafeln
- 5 x 8 Bildkarten
- 5 Kontrollkarten
- Kassette (mit aufgesprochenem Text)
- Kassettenrekorder
- Handspiegel

Förderschwerpunkte:

- Akustische Analyse von Einzellauten
- Heraushören des Anlauts

Instruktion:

1. Hole dir einen Kassettenrekorder und leg die Kassette ein.
2. Hole dir alle fünf Legetafeln.
3. Auf jeder Legetafel befindet sich in der Mitte ein Bild, auf dem Peters Gesicht abgebildet ist. Auf jedem Bild spricht er einen anderen Laut aus, sodass sein Mund unterschiedlich geformt ist.
4. Deine Lehrerin gibt dir die Bildkarten, die für 2(3) Legetafeln passen. Sie achtet darauf, dass die Bildkarte des vorgesprochenen Anlautes dabei sind.
5. Höre dir die erste Anweisung auf der Kassette an und drück dann auf Pause".
6. Auf welcher Legetafel ist das passende Mundbild zum genannten Laut zu sehen?
7. Probier mit dem Spiegel aus, ob dein Mund genauso geformt ist wie Peters auf der ausgewählten Legetafel, wenn du den Laut aussprichst.
8. Suche nun aus den Bildkarten diejenigen heraus, die Begriffe abbilden, die mit dem genannten Laut beginnen, und leg sie auf der richtigen Legetafel ab.

Selbstkontrolle:

Vergleiche mit den Kontrollkarten.

Buchstabentürme

Leitkarte A 3.2

logographemische Stufe

Material:

- 3 Buchstabentürme (grün, rot und blau)
- 28 Mundbilder (grün, rot und blau)
- 2 Kontrollkarten (Mundbild-Alphabet)
- Handspiegel

Förderschwerpunkte:

- Akustische Analyse von Einzellauten
- Heraushören des Anlauts
- Zuordnung: Anlaut – Mundbild

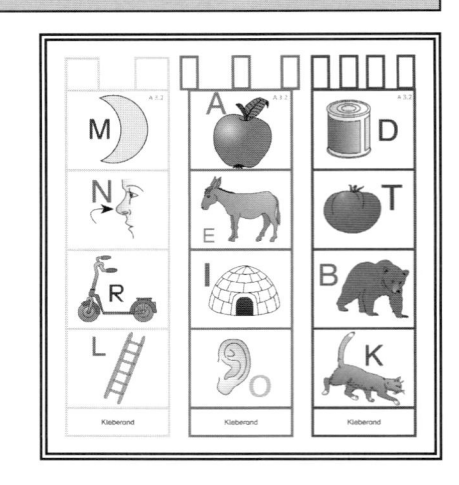

Instruktion:

1. Lege den grünen Buchstabenturm vor dich hin und lege die grünen Mundbilder links daneben aus.
2. Nenne den Namen vom obersten Bild im Buchstabenturm.
3. Überlege: Mit welchem Laut beginnt das Wort?
   Sprich dir das Wort dazu noch einmal vor.
4. Schaue dich nun beim Sprechen des Wortes im Spiegel an.
   Wie ist dein Mund beim Sprechen des Anfangslautes geformt?
5. Welches Mundbild passt daher zum Anfangslaut?
   Suche es heraus und lege es neben das oberste Bild des Buchstabenturms.
6. Gehe mit den anderen Bildern des Buchstabenturms genauso vor.
7. Mit dem roten und blauen Buchstabenturm und den zugehörigen Mundbildern kannst du auf die gleiche Weise arbeiten.

Selbstkontrolle:

Du hast alles richtig gemacht, wenn du jeweils auf der Rückseite eines Mundbildes den gleichen Buchstaben findest, wie in dem benachbarten Feld des Buchstabenturms.
Du kannst auch auf den Kontrollkarten nachschauen, welches Mundbild zum jeweiligen Anfangslaut gehört. Dort sind die Mundbilder alphabetisch angeordnet.

Mundbild-Reihen

Leitkarte A 3.3

logographemische Stufe

Material:

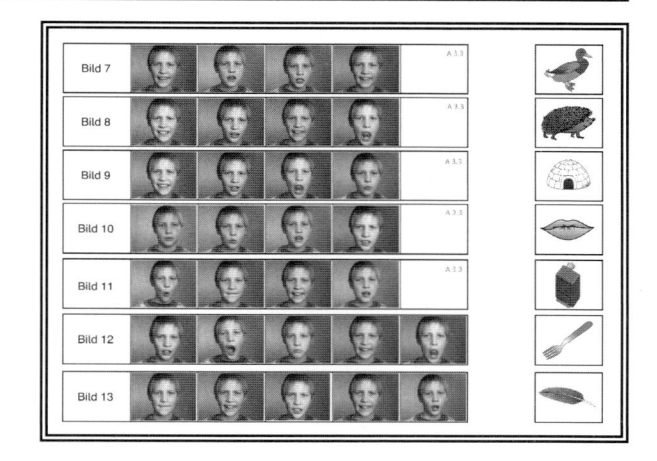

- 13 Mundbild-Reihen
- 13 Bildkarten
- 2 Kontrollkarten
- Mundbild-Alphabet
- Handspiegel
- Evtl. Abdeckkarte

Förderschwerpunkte:

- Akustische Analyse von Einzellauten
- Heraushören des Anlauts

Instruktion:

1. Lege die Bildkarten auf dem Teppich aus.
2. Schaue dir die erste Mundbildkarte an.
3. Erkennst du schon, welches Wort Peter auf den Fotos (Mundbildern) gerade sagt?
4. Das Mundbild-Alphabet hilft dir: Dort sind die wichtigsten Laute mit den Mundbildern aufgelistet.
5. Probier die Mundstellungen mit dem Spiegel aus.
6. Wenn du weißt, wie das Wort heißt, leg die passende Bildkarte zur Mundbild-Reihe.
7. Schaue dir die nächste Mundbild-Reihe an usw.

Selbstkontrolle:

Vergleiche mit der Kontrollkarte.

Ich sehe was, was du nicht siehst... Leitkarte A 4.1

logographemische Stufe

Material:

- Heft: „Ich sehe was, was du nicht siehst ..."
  (mit Bildern von Vincent van Gogh)

Förderschwerpunkte:

- Akustische Analyse von Einzellauten
- Heraushören des Anlautes in einem Wort

Instruktion:

1. Nimm das Heft und schau dir die zweite Seite an.
2. Such auf dem Gemälde von van Gogh rechts daneben einen Gegenstand, der mit dem gezeigten Buchstaben beginnt.
3. Schlag die nächste Seite auf, dort steht der gesuchte Begriff und ein Pfeil zeigt auf den gesuchten Gegenstand auf dem Gemälde.
4. Schlag die nächste Seite auf und das Spiel geht mit einem neuen Buchstaben weiter ...

Selbstkontrolle:

Auf der Rückseite der Bilder steht das Lösungswort und ein Pfeil zeigt auf den gesuchten Gegenstand.

Variante mit Partner:

Der eine Partner rät und der andere gibt Hilfen und übernimmt die Kontrolle.

Anlautpuzzles

Leitkarte A 4.2

logographemische Stufe

Material:

- 10 Puzzleteile mit Bildern
- 10 Puzzleteile mit Anlauten

Förderschwerpunkte:

- Akustische Analyse von Einzellauten
- Heraushören des Anlautes

Instruktion:

1. Leg alle Puzzleteile mit Bildern in zwei Längsreihen vor dich hin. Lass dabei Platz für die zugehörigen Puzzleteile.
2. Breite die Puzzleteile mit den Anlauten links davon aus.
3. Was siehst du auf dem ersten Bild? Sprich das zugehörige Wort aus!
4. Hör genau hin: Mit welchem Laut beginnt es?
5. Such den richtigen Anlaut heraus. Passt das Anlaut-Puzzleteil neben das Puzzleteil mit dem Bild?

Selbstkontrolle:

Wenn das Puzzleteil mit dem Anlaut an das Puzzleteil mit dem Bild passt, hast du den richtigen Anlaut herausgesucht.

Uwe Berlin: Bergedorfer Leseförderung
© Persen Verlag GmbH, Buxtehude

Hör genau!

Leitkarte A 4.3

logographemische Stufe

Material:

- 8 Streifen mit je 4 Bildern
- 8 kleine Wäscheklammern

Förderschwerpunkte:

- Akustische Analyse von Einzellauten
- Heraushören des Anlautes

Instruktion:

1. Nimm dir einen der Streifen vor.
2. Was siehst du auf dem ersten Bild (mit rotem Rahmen)?
3. Sprich das Wort deutlich aus (G U M M I S P R E C H E N)!
4. Mit welchem Laut beginnt es?
5. Welcher der anderen drei Begriffe auf dem Streifen beginnt mit dem gleichen Laut?
6. Befestige die Klammer am richtigen Bild.
7. Gehe mit den anderen Streifen genauso vor.

Selbstkontrolle:

Auf der Rückseite des Bildes, dessen Name den gleichen Anlaut besitzt, befindet sich ein Kontrollpunkt.

Anlaut-Domino

logographemische Stufe

Leitkarte A 4.4

Material:

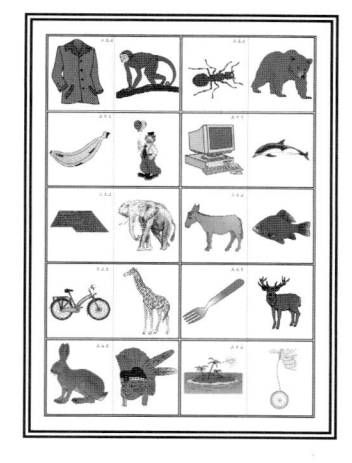

- 10 Dominokärtchen

Förderschwerpunkte:

- Akustische Analyse von Einzellauten
- Heraushören von Anlauten

Instruktion:

1. Lege alle Dominokärtchen offen aus.
2. Nimm ein Dominokärtchen, leg es direkt vor dich hin und benenne die beiden Bilder.
3. Mit welchem Laut beginnt der zweite Begriff?
4. Suche dazu aus den anderen Dominokärtchen ein Kärtchen mit demselben Anlaut heraus.
5. Lege das neue Dominokärtchen an den zweiten Begriff an.
6. Wie heißt nun der Anlaut des zweiten Begriffes?
7. Suche wieder ein Kärtchen mit demselben Anlaut und lege an.
8. So entsteht nach und nach eine lange Reihe oder sogar ein Kreis.

Selbstkontrolle:

Wenn du richtig angelegt hast und alle Dominokarten geordnet nebeneinanderliegen, beginnen der erste und der letzte Begriff der Reihe mit dem gleichen Anlaut.

Eisenbahnmodell

Leitkarte A 5.1

logographemische Stufe

Material:

- je 6 Bildkarten zu 16 Lauten
  (in Briefumschlägen o. Ä.)
- je 6 Kontrollkärtchen pro Laut
  (als Rückseitenaufkleber)
- 16 Eisenbahnen mit je 3 Wagen

Förderschwerpunkte:

- Akustische Analyse von Einzellauten
- Heraushören von Anlaut, Inlaut, Endlaut

Instruktion:

1. Hole dir eine Eisenbahn und die dazugehörigen Bildkarten zu einem bestimmten Laut.
2. Lege die Eisenbahn auf den Tisch
3. Misch die Bildkarten und leg sie auf einen Stapel. Nimm die erste Karte.
4. Was ist darauf abgebildet? Sprich das Wort langsam aus, indem du mit der Bildkarte langsam über den Zug gleitest. (G U M M I S P R E C H E N)
5. An welcher Stelle im Wort befindet sich der Laut, der auf der Lok steht? Ist es ein Anfangslaut, Innenlaut oder Endlaut?
6. Lege die Karte entsprechend auf dem ersten, zweiten oder dritten Wagen ab.

Selbstkontrolle:

Auf jedem Wagen müssten am Schluss zwei Bildkarten liegen. Die Kontrollkärtchen auf den Rückseiten der Bildkarten zeigen, ob du die Bildkarten richtig zugeordnet hast.

Bewegliches Alphabet

Leitkarte A 5.2

logographemische Stufe

Material:

- 26 Buchstaben-Karten
- 4 Karten mit Buchstaben-Verbindungen
- 12 grüne Bildkarten
  (Konsonant – Vokal – Konsonant – Vokal)
- 12 blaue Bildkarten (K-V-K-K)
- 12 rote Bildkarten
  (schwierige Buchstaben-Verbindungen)

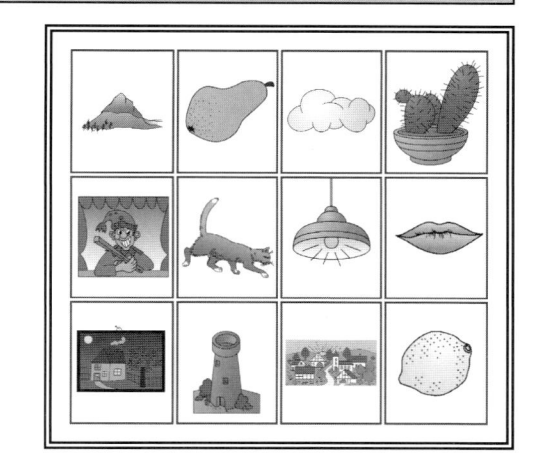

Förderschwerpunkte:

- Akustische Analyse von Einzellauten
- Heraushören der Laute eines Wortes

Instruktion:

1. Hol dir zuerst den Stapel mit den grünen Karten.
2. Was siehst du auf dem ersten Bild?
   Sprich das Wort deutlich aus (G U M M I S P R E C H E N).
3. Welche Laute hörst du?
4. Leg die Buchstaben für alle Laute, die du gehört hast, hintereinander aus.
5. Geh mit der blauen und der roten Serie genauso vor.

Selbstkontrolle:

durch deine Lehrerin oder deinen Lehrer.

Uwe Berlin: Bergedorfer Leseförderung
© Persen Verlag GmbH, Buxtehude

Anlaut-Endlaut-Domino

Leitkarte A 5.3

logographemische Stufe

Material:

- 12 Dominokärtchen

Förderschwerpunkte:

- Akustische Analyse von Einzellauten
- Heraushören von Anlauten und Endlauten

Instruktion:

1. Nimm dir ein Dominokärtchen.
2. Was ist darauf abgebildet? Sprich die beiden Begriffe deutlich aus.
3. Mit welchem Laut endet der zweite Begriff (rechtes Bild)?
4. Suche auf den anderen Dominokärtchen einen Begriff, der mit diesem Laut beginnt.
5. Das Bild dazu muss auf der linken Hälfte des Kärtchens abgebildet sein, dann kannst du es rechts neben das erste Kärtchen anlegen.
6. Was ist auf der rechten Hälfte dieses Kärtchens abgebildet? Mit welchem Laut endet der Begriff?
7. Suche unter den anderen Dominokärtchen einen entsprechenden Nachbarn usw.
8. Nach und nach entsteht auf diese Weise eine lange Reihe.

Selbstkontrolle:

Der Endlaut des letzten Begriffs ist der Anfangslaut des ersten Begriffs der Reihe. Trifft dies zu, dann hast du richtig gearbeitet.

Reimwörter-Memory

Leitkarte A 6.1

logographemische Stufe

Material:

- 16 grüne Bildkarten
- 16 blaue Bildkarten

Förderschwerpunkte:

- Akustische Analyse von Einzellauten
- Heraushören ähnlich klingender Laute
- Umgang mit Reimpaaren

Instruktion:

1. Leg alle grünen Bildkarten in zwei bis drei Reihen untereinander aus.
   (Achtung: Immer eine Handbreit Platz zwischen den Reihen belassen.)
2. Was siehst du auf dem ersten Bild?
   Sprich das Wort deutlich aus (G U M M I S P R E C H E N).
3. Sieh nun die blauen Bildkarten durch. Findest du dort einen Begriff, der ähnlich klingt?
   Sprich ihn aus!
4. Leg die blaue Bildkarte mit diesem Reimwort rechts neben die erste grüne Bildkarte.
5. Dann schau dir die zweite grüne Bildkarte an usw.

Selbstkontrolle:

Wenn die Nummern auf den Rückseiten der Bildpaare übereinstimmen,
dann hast du die richtigen Reimwörter gefunden.

Uwe Berlin: Bergedorfer Leseförderung
© Persen Verlag GmbH, Buxtehude

Reimwörter-Triade

Leitkarte A 6.2

logographemische Stufe

Material:

- je 5 x 3 Kreisteile in Rot, Gelb, Schwarz und lila mit Reimbildern

Förderschwerpunkte:

- Akustische Analyse von Einzellauten
- Heraushören ähnlich klingender Laute
- Umgang mit Reimpaaren

Instruktion:

1. Nimm dir die Kreisteile einer Farbe.
2. Lege sie alle offen aus.
3. Nimm eines dieser Kreisteile und leg es vor dich hin. Was ist darauf abgebildet? Sprich das Wort deutlich aus (G U M M I S P R E C H E N).
4. Auf welchem der anderen Kreisteile ist ein Begriff abgebildet, der ähnlich klingt und sich mit diesem Wort reimt?
5. Jetzt suche noch den dritten Begriff heraus, der sich mit beiden Wörtern reimt.
6. Bau aus diesen drei Kreisteilen eine Kreis zusammen.
7. Kannst du auf diese Weise insgesamt 5 gleichfarbige Kreise zusammenbauen?
8. Gehe mit den Kreisteilen in den anderen Farben jeweils genauso vor.

Selbstkontrolle:

Auf den Rückseiten der zusammengehörigen Kreisteile steht jeweils die gleiche Wortendung, auf die sich jeweils die drei zusammengehörigen Begriffe reimen.

Silbenhüpf

Leitkarte A 7.1

logographemische Stufe

Material:

- 21 Bildkarten (mit 1- bis 6-silbigen Wörtern)
- Wörterliste
- 6 Teppichfliesen

Förderschwerpunkte:

- Akustische Analyse: Silben hören

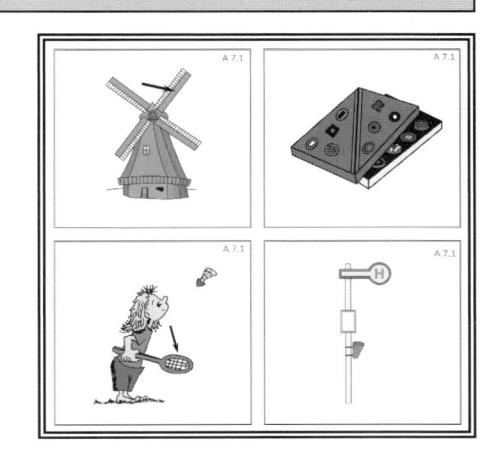

Instruktion:

1. Lege 6 Teppichfliesen hintereinander aus und stell dich vor die erste.
2. Misch alle Bildkarten und bilde daraus einen Stapel.
3. Nimm die erste Bildkarte auf. Was ist darauf abgebildet?
4. Sprich den Namen in Silben aus. Mal für jede Silbe einen Bogen in die Luft oder an die Tafel.
5. Sprich die Silben dann noch einmal und hüpf bei jeder Silbe eine Fliese weiter.
6. Welche Teppichfliese erreichst du so? Leg die Karte daneben ab.
7. Stell dich nun wieder auf die Startposition und nimm dir die nächste Bildkarte vor ..., bis alle Karten positioniert sind.

Selbstkontrolle:

Auf der Rückseite jeder Bildkarte und in der Wörterliste ist die entsprechende Anzahl an Silben aufgemalt bzw. vermerkt.

Silben hören (1)

Leitkarte A 7.2

logographemische Stufe

Material:

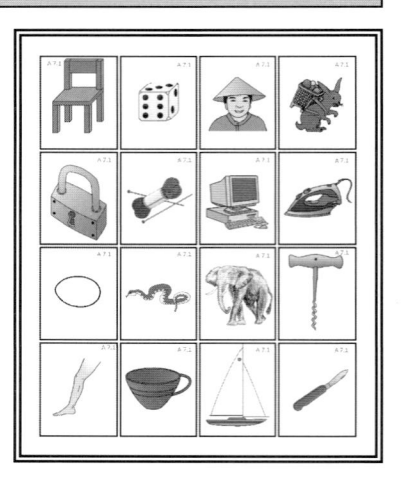

- 32 Bildkarten
- Silbenbögen (z. B. halbierte Gardinenringe)

Förderschwerpunkte:

- Akustische Analyse: Silben hören

Instruktion:

1. Nimm dir eine Bildkarte.
2. Sprich das Wort in Silben aus. Male für jede Silbe einen Bogen in die Luft oder an die Tafel.
3. Sprich die Silben noch einmal einzeln hintereinander aus.
4. Wie viele Silben hat das Wort. Leg genau so viele Silbenbögen unter die Bildkarte.

Selbstkontrolle:

Auf jeder Kartenrückseite ist die richtige Anzahl an Silbenbögen abgebildet.

Silben hören (2)

Leitkarte A 7.3

logographemische Stufe

Material:

- 20 Bildkarten
- Legetafel
- Kontrollkarte

Förderschwerpunkte:

- Akustische Analyse: Silben hören

Instruktion:

1. Leg die Legetafel mit der Einteilung nach Silbenzahl vor dich hin.
2. Misch die Bildkarten und bilde daraus einen Stapel.
3. Nimm die erste Karte auf. Was ist darauf abgebildet?
4. Sprich das Wort in Silben aus. Mal dabei für jede Silbe einen Bogen in die Luft oder an die Tafel.
5. Wie viele Silben hat das Wort? Leg die Bildkarte in der richtigen Spalte der Tabelle ab.
6. Geh mit den übrigen Bildkarten genauso vor.

Selbstkontrolle:

Vergleiche mit der Kontrollkarte.

Uwe Berlin: Bergedorfer Leseförderung
© Persen Verlag GmbH, Buxtehude

Silben hören (3)

Leitkarte A 7.4

logographemische Stufe

Material:

- 5 Gegenstände aus dem Klassenzimmer
- Silbenbögen (z. B. halbierte Gardinenringe)

Förderschwerpunkte:

- Akustische Analyse: Silben hören

Instruktion:

1. Hol dir fünf verschiedene Gegenstände aus dem Klassenzimmer.
2. Benenn die Gegenstände.
3. Sprich die Wörter jeweils in Silben aus und mal dabei für jede Silbe einen Bogen in die Luft oder an die Tafel.
4. Sprich die Wörter erneut in Silben aus und leg unter jeden Gegenstand die entsprechende Anzahl an Silbenbögen.
5. Zeichne die Gegenstände dann in dein Heft ab und mal jeweils die entsprechende Anzahl an Silbenbögen darunter.

Selbstkontrolle:

durch deine Lehrerin oder deinen Lehrer.

Silben greifen

Leitkarte A 7.5

logographemische Stufe

Material:

- 24 Bildkarten
  (je acht 2-silbige, 3-silbige und 4-silbige Wörter)
- 24 Silbenbögen-Karten
- 2 Kontrollkarten
- ggf. Sandkiste

Förderschwerpunkte:

- Vorbereitung auf die Arbeit mit Silben
- Zerlegung eines Wortes in Silben

Instruktion:

1. Mische alle Bildkarten und bilde daraus einen Stapel.
2. Nimm die erste Karte auf. Was ist darauf abgebildet?
3. Sprich das Wort in Silben aus.
4. Male dabei mit deiner Hand Silbenbögen in die Luft bzw. in den Sand.
5. Ordne der Bild-Karte eine Silbenbögen-Karte mit der richtigen Anzahl an Silbenbögen zu.
6. Nimm die nächste Karte auf usw.
7. Am Schluss solltest du jeder Bildkarte eine Silbenbögen-Karte zugeordnet haben.

Selbstkontrolle:

mit der Kontrollkarte.

Vokale legen

Leitkarte A 7.6

logographemische Stufe

Material:

- je 8 Bildkarten mit 2-, 3- und 4-silbigen Wörtern
- 3 x 8 Silbenbögen-Karten mit Vokalen
- 2 Kontrollkarten
- ggf. Sandkiste

Förderschwerpunkte:

- Vorbereitung auf die Arbeit mit Silben
- Zerlegung eines Wortes in Silben
- Heraushören der betonten Vokale

Instruktion:

1. Bilde aus den Bildkarten einen Stapel.
2. Lege die Silbenbögen und die Pfeile aus.
3. Hole dir eine Bildkarte. Was ist abgebildet?
4. Sprich den Namen langsam aus.
5. Male dabei mit deiner Hand je Silbe einen Silbenbogen in die Luft oder in den Sand.
6. Wie viele Silben hat das Wort und welche Vokale sind in den einzelnen Silben?
7. Suche die passende Silbenkarte mit Vokalen heraus und leg sie neben der Bildkarte ab.
8. Usw.

Selbstkontrolle:

Am Ende sind alle Silbenbögen-Karten und alle Pfeile verteilt. Außerdem kannst du die Richtigkeit mit der Kontrollkarte überprüfen.

Silben schreiben

Leitkarte A 7.7

logographemische Stufe

Material:

- Kassette mit aufgesprochenen Instruktionen
- Kassettenrekorder
- Arbeitsblatt (zu 2-, 3- und 4-silbigen Wörtern)
- Kontrollkarte
- Silbenbögen (z. B. halbierte Gardinenringe)
- Stift

1. Nase	⌣⌣	9. Schule	
2. Salat		10. Hupe	
3. Keule		11. Kino	
4. Pilot		12. Name	

Förderschwerpunkte:

- Zerlegung eines Wortes in Silben
- Symbolisierung von Silben durch Silbenbögen

Instruktion:

1. Lege die Kassette ein und hör dir das erste Wort an.
2. Sprich das Wort langsam nach (G U M M I S P R E C H E N).
3. Greife mit deiner Schreibhand die Silben in der Luft.
4. Lege die richtige Anzahl an Silbenbögen aus.
5. Male die richtige Anzahl an Silbenbögen neben das genannte Wort auf deinem Arbeitsblatt.
6. Hör dir das nächste Wort an …

Selbstkontrolle:

mit der Kontrollkarte.

Uwe Berlin: Bergedorfer Leseförderung
© Persen Verlag GmbH, Buxtehude

Der Aufbau der einzelnen Kapitel: Kapitel B

B Förderung der Buchstabe-Laut-Beziehung

B 1 Buchstaben sind Zeichen
- B 1.1 Sandpapier-Buchstaben 43
- B 1.2 Tier-Leporello 44
- B 1.3 Fühlspiel 45

B 2 Buchstaben kann man mit vielen Sinnen erfassen
- B 2.1 Buchstaben kneten 46
- B 2.2 Buchstaben-Muster 47
- B 2.3 Nadel-Buchstaben 48
- B 2.4 Buchstaben-Schaukel 49
- B 2.5 Tiere und Buchstaben 50
- B 2.6 Buchstaben sticken 51
- B 2.7 Buchstaben-Sandkiste 52
- B 2.8 Buchstaben stempeln 53

B 3 Mit Buchstaben kann man lesen und schreiben
- B 3.1 Buchstaben-Heft 54
- B 3.2 Buchstaben-Memory 55
- B 3.3 Buchstaben erkennen 56
- B 3.4 Buchstaben-Suchbrett 57
- B 3.5 Hasen-Alphabet 58

Sandpapier-Buchstaben   Leitkarte B 1.1

logographemische Stufe

Material:

- 26 Karteikarten mit den Buchstaben von A–Z
- 12 Buchstaben-Verbindungen* und Umlaute zum Ertasten

(Bastelanleitung und Vorlagen für große und kleine Tastbuchstaben finden sich im Ordner „Buchstaben-Vorlagen")

Förderschwerpunkte:

- Erkennen des Buchstabens
- Speichern als Graphem
- Speichern in der Phonem-Graphem-Verbindung
- Speichern über den Tastsinn

Instruktion:

1. Lass dir von deiner Lehrerin bzw. deinem Lehrer eine der Karteikarten geben.
2. Er bzw. sie sagt dir, wie der Buchstabe auf der Karteikarte lautet.
3. Ertaste seine Form.
4. Kannst du nun aus einer Reihe von Buchstaben den gelernten heraussuchen?
5. Geh mit zwei weiteren Buchstaben oder Buchstaben-Verbindungen genauso vor.

Kontrolle:

durch deine Lehrerin oder deinen Lehrer.

---

* Im weiteren Text ist vereinfacht häufig nur von Buchstaben die Rede.
  Die Buchstaben-Verbindungen sind dabei aber gleichermaßen gemeint.

Tier-Leporello
Leitkarte B 1.2
logographemische Stufe

Material:

- Tastbuchstaben (aus B 1.1): A, B, D–W, Z, Ei und ch
- Tierbilder zu diesen Anlauten

Förderschwerpunkte:

- Erkennen des Einzelbuchstabens
- Speichern des Einzelbuchstabens als Graphem
- Speichern des Einzelbuchstabens in der Phonem-Graphem-Verbindung
- Speichern des Buchstabens über den Tastsinn

Instruktion:

1. Suche dir einen Buchstaben heraus, den du schon kennst.
2. Fahre die Form des Buchstabens mit dem Finger nach.
   Sprich dabei seinen Namen deutlich aus.
3. Kennst du ein Tier, dessen Name mit diesem Anlaut beginnt?
   Vielleicht findest du es im Leporello.
4. Blättere in deinem Leporello das Bild mit diesem oder einem anderem Tier auf,
   das mit diesem Anlaut beginnt.
5. Mache das gleiche genauso mit den anderen Buchstaben, die du bereits kennst.

Kontrolle:

durch deine Lehrerin oder deinen Lehrer.

Fühlspiel

Leitkarte B 1.3

logographemische Stufe

Material:

- Tastbuchstaben (aus B 1.1): A, B, D–L, N–U, W, X, Z, Sch, Au und Ei
- Anlautbilder (ggf. durch konkrete Gegenstände ersetzen)

Förderschwerpunkte:

- Erkennen des Einzelbuchstabens
- Speichern des Einzelbuchstabens als Graphem
- Speichern des Einzelbuchstabens in der Phonem-Graphem-Verbindung
- Speichern des Buchstabens über den Tastsinn

Instruktion für die Partnerarbeit:

1. Lege alle Bilder bzw. Gegenstände aus.
2. Dein Partner oder deine Partnerin gibt dir nun einen Buchstaben. Ertaste ihn mit geschlossenen Augen. Sprich beim Nachfahren seiner Form den Namen des Buchstabens deutlich aus.
3. Ordne nun das Anlautbild bzw. den Gegenstand, das bzw. der mit diesem Buchstaben beginnt, dem Buchstaben zu.
4. Nun ist dein Partner oder deine Partnerin an der Reihe.

Instruktion für die Einzelarbeit:

1. Wähle 6 Buchstaben aus, die du bereits kennst.
2. Nimm einen der Buchstaben und fahre seine Form nach. Sprich dabei seinen Namen deutlich aus.
3. Ordne nun das Anlautbild bzw. den Gegenstand, das bzw. der mit diesem Buchstaben beginnt, dem Buchstaben zu.
4. Fahre mit den 5 anderen Buchstaben genauso fort.

Kontrolle:

durch deine Lehrerin oder deinen Lehrer.

Buchstaben kneten

Leitkarte B 2.1

logographemische Stufe

Material:

- Knetmasse
- Materialien (Anlautbilder und Tastbuchstaben*) aus MB 1.3

    Bastelanleitung und Vorlagen für große und kleine Tastbuchstaben finden sich im Ordner „Buchstaben-Vorlagen"

Förderschwerpunkte:

- visuelle Diskrimination der Buchstaben
- Erkennen des Einzelbuchstabens
- Speichern des Einzelbuchstabens als Graphem
- Speichern des Einzelbuchstabens in der Phonem-Graphem-Verbindung

Instruktion:

1. Hole dir eines der Bilder.
2. Mit welchem Laut beginnt der Name des abgebildeten Gegenstandes?
3. Forme den ersten Buchstaben des Namens aus Knete.
4. Wenn du seine Form vergessen hast, kannst du dir die Buchstaben-Vorlage als Muster holen.
5. Lege den gekneteten Buchstaben nun neben das Bild.

Kontrolle:

durch deine Lehrerin oder deinen Lehrer.

Buchstaben-Muster

Leitkarte B 2.2

logographemische Stufe

Material:

- Groß- und Kleinbuchstaben von A–Z aus Holz, Kunststoff oder Karton*
- Buchstaben-Heft (unliniertes Heft in DIN A4 oder 5)**

Förderschwerpunkte:

- visuelle Diskrimination der Buchstaben
- Erkennen des Einzelbuchstabens
- Speichern des Einzelbuchstabens als Graphem
- Speichern des Einzelbuchstabens in der Phonem-Graphem-Verbindung

Instruktion:

1. Hol dir einen beliebigen Buchstaben.
2. Leg ihn auf ein Blatt Papier und umfahr ihn.
3. Schraffier den nachgezeichneten Buchstaben farbig.
4. Kleb ihn danach in dein Buchstaben-Heft ein.

Kontrolle:

durch deine Lehrerin oder deinen Lehrer.

Unliniertes Heft, auf je einer Doppelseite werden die wesentlichen akustischen und visuellen Merkmale einer entsprechenden Graphem-Laut-Kombination festgehalten.

Beispiel für die Graphem-Laut-Kombination „a":

Linke Seite	Rechte Seite
Alle auditiven Merkmale (z.B. An-In-Endlaut-Suchbilder)	Alle visuellen Merkmale (z. B. Suchbilder für Graphem „a" oder Ausschnitte aus der Zeitung den „a"-Laut betreffend.

---

* Siehe auch Anleitung zum Selberbasteln im Ordner „Buchstaben-Vorlagen".
** Aufbau des Buchstaben-Heftes

Nadel-Buchstaben

Leitkarte B 2.3

logographemische Stufe

Material:

- 1 Korkunterlage (ca. 12 cm x 16 cm)
- Stecknadeln
- 2 x Groß- und Kleinbuchstaben* als Buchstaben-Blätter (1 x als Kontrollvorlage)

Förderschwerpunkte:

- visuelle Diskrimination
- Erkennen des Einzelbuchstabens
- Speichern des Einzelbuchstabens als Graphem
- Speichern des Einzelbuchstabens in der Phonem-Graphem-Verbindung

Instruktion:

1. Hol dir eine Korkunterlage.
2. Leg ein beliebiges Buchstabenblatt darauf.
3. Steck mit den Nadeln die äußeren und inneren Umrisslinien des Buchstabens ab.
4. Stecken die Nadeln eng genug nebeneinander, dann kannst du den Buchstaben nun leicht aus dem Blatt heraustrennen.

Selbstkontrolle:

Vergleich des herausgetrennten Buchstabens mit der Kontrollvorlage.

---

* (Bastelanleitung und Vorlagen für große und kleine Tastbuchstaben finden sich im Ordner „Buchstaben-Vorlagen")

Buchstaben-Schaukel

Leitkarte B 2.4

logographemische Stufe

Material:

- Groß- oder Kleinbuchstaben von A– Z als Schablone*
- farbiges Papier
- Stift, Schere, Faden
- Kleiderbügel

Förderschwerpunkte:

- visuelle Diskrimination
- Erkennen des Einzelbuchstabens
- Speichern des Einzelbuchstabens als Graphem
- Speichern des Einzelbuchstabens in der Phonem-Graphem-Verbindung

Instruktion:

1. Hol dir einen Buchstaben und ein Blatt buntes Papier.
2. Umfahr den Buchstaben mit dem Stift.
3. Schneide nun den nachgezeichneten Buchstaben genau aus.
4. „Kopiere" auf diese Art und Weise weitere Buchstaben auf buntes Papier und schneide sie sorgfältig aus.
5. Bastele eine Buchstaben-Schaukel. Binde dazu an beiden Enden des Kleiderbügels Fäden mit den farbigen Buchstaben fest (siehe Abbildung oben).

Kontrolle:

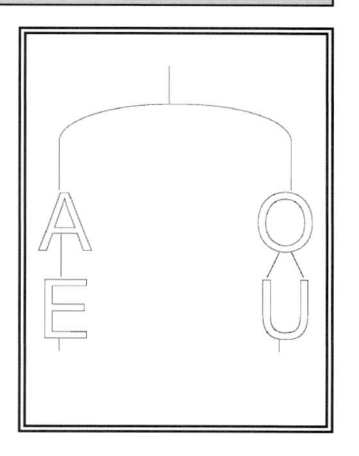

durch deine Lehrerin oder deinen Lehrer.

---

* Hierzu können Buchstaben aus einem beliebigen Material (z. B. Holz oder Kunststoff) verwendet werden. Wer die Schablonen selbst herstellen möchten, kann die Tastbuchstaben aus dem Ordner „Buchstaben-Vorlagen" auf Karton ausdrucken und sorgfältig an den Konturen ausschneiden.

Tiere und Buchstaben

Leitkarte B 2.5

logographemische Stufe

Material:

- Großbuchstaben von A–Z (ohne C, V, X, Y) aus beliebigem Material zum Ertasten*
- undurchsichtiges Tuch
- Tierbilder (ggf. durch kleine Tierfiguren ersetzen)
- Kontrollkarten

Förderschwerpunkte:

- visuelle Diskrimination
- Erkennen des Einzelbuchstabens
- Speichern des Einzelbuchstabens als Graphem
- Speichern des Einzelbuchstabens in der Phonem-Graphem-Verbindung
- Erkennen des Einzelbuchstabens über den Tastsinn

Instruktion:

1. Drei Buchstaben werden von einer anderen Person unter das Tuch gelegt.
2. Versuch die Buchstaben darunter zu ertasten.
3. Such dir aus den Tierbildern bzw. -figuren das Tier heraus, das mit diesem Buchstaben beginnt.
4. Leg das Bild bzw. die Figur neben den Buchstaben.
5. Lass dir drei weitere Buchstaben unter das Tuch legen und geh damit genauso vor usw.

Selbstkontrolle:

mit der Kontrollkarte.

---

* Hierzu können Buchstaben aus einem beliebigen Material (z. B. Holz oder Kunststoff) verwendet werden. Wer sie selbst herstellen möchte, kann die „Tastbuchstaben" aus dem Ordner „Buchstaben-Vorlagen" auf Karton ausdrucken und sorgfältig an den Konturen ausschneiden.

Buchstaben sticken

Leitkarte B 2.6

logographemische Stufe

Material:

- Karten mit Großbuchstaben*
- Sticknadel
- Wolle

Förderschwerpunkte:

- visuelle Diskrimination
- Erkennen des Einzelbuchstabens
- Speichern des Einzelbuchstabens als Graphem
- Speichern des Einzelbuchstabens in der Phonem-Graphem-Verbindung

Instruktion:

1. Hole dir einen Buchstaben.
2. Nimm Nadel und Faden und sticke ihn (siehe Bild oben).
3. Klebe den gestickten Buchstaben in dein Buchstabenheft ein.

Kontrolle:

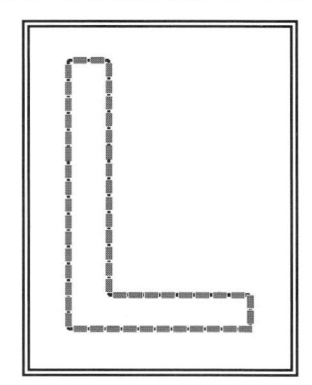

durch deine Lehrerin oder deinen Lehrer.

* Druckvorlagen für die großen Tastbuchstaben liegen im Ordner „Buchstaben-Vorlagen" vor. Buchstaben auf Papier oder dünnen Karton ausdrucken und entlang der grauen Tabellenlinien ausschneiden.

Uwe Berlin: Bergedorfer Leseförderung
© Persen Verlag GmbH, Buxtehude

Buchstaben-Sandkiste

Leitkarte B 2.7

logographemische Stufe

Material:

- Schale mit Sand (z. B. Vogelsand) oder Sandkiste

Förderschwerpunkte:

- visuelle Diskrimination
- Erkennen des Einzelbuchstabens
- Speichern des Einzelbuchstabens als Graphem
- Speichern des Einzelbuchstabens in der Phonem-Graphem-Verbindung

Instruktion:

1. Such 5 Gegenstände im Raum, die mit „A" beginnen.
2. Schreib nun ihren Anfangsbuchstaben in den Sand.
3. Such dir nun 5 Gegenstände die mit „E" beginnen (und später Gegenstände, die mit „I", „O" und „U" anfangen) und geh damit jeweils genauso vor.

Kontrolle:

durch deine Lehrerin oder deinen Lehrer.

Buchstaben stempeln

Leitkarte B 2.8

logographemische Stufe

Material:

- 29 Bilder zu den Buchstaben von A–Z und Sch, Ei und Au zum Ausstempeln
- 1 Satz Buchstabenstempel
- 3 Kontrollkarten

Förderschwerpunkte:

- visuelle Diskrimination
- Erkennen des Einzelbuchstabens
- Speichern des Einzelbuchstabens als Graphem
- Speichern des Einzelbuchstabens in der Phonem-Graphem-Verbindung

Instruktion:

1. Hol dir ein Bild.
2. Was ist darauf zu sehen und mit welchem Laut beginnt das Wort?
3. Hol dir den entsprechenden Buchstabenstempel.
4. Stempele das Bild damit aus.

Selbstkontrolle:

mit den Kontrollkarten.

Buchstaben-Heft   Leitkarte B 3.1

logographemische Stufe

Material:

- Buchstaben-Heft (unliniertes Heft in DIN A4 oder 5)*
- 31 Buchstaben-Suchbilder
  (zu A–Z, Sch, Au, Ei, Eu und Äu)
- Zeitungen oder Zeitschriften
- 23 Hörbilder (zu A, B, D–U, W, Z und Sch)

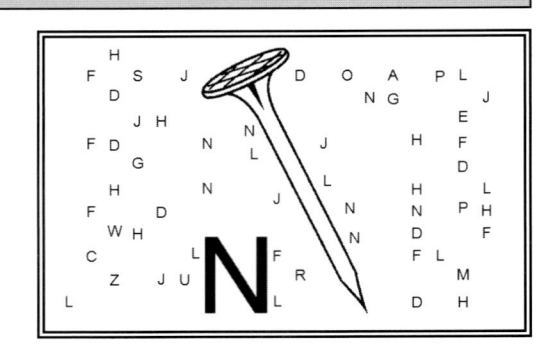

Förderschwerpunkte:

- visuelle und auditive Diskrimination der Buchstaben bzw. Laute
- Erkennen des Einzelbuchstabens
- Speichern des Einzelbuchstabens als Graphem
- Speichern des Einzelbuchstabens in der Phonem-Graphem-Verbindung

Instruktion:

1. Hol dir das Buchstaben-Heft.
2. Überleg dir einen Buchstaben bzw. Laut, den du benennen, hören und suchen möchtest.
3. Hol dir das Buchstaben-Suchbild dazu. Wie oft findest du darauf den Buchstaben? Kreise ihn jeweils rot ein.
4. Schneide aus der Zeitung oder der Zeitschrift mehrere Wörter mit dem gesuchten Buchstaben aus.
5. Kleb das Buchstaben-Suchbild und die ausgeschnittenen Wörter auf die erste leere linke Seite vom Buchstaben-Heft.
6. Hol dir nun das passende Hörbild zu dem zugehörigen Laut. Achtung: Es gibt nicht zu jedem Buchstaben ein Hörbild.
7. Benenne die 9 abgebildeten Begriffe. Wo hörst du den gesuchten Laut heraus?
8. Schneide die zugehörigen Bilder aus und klebe sie auf die rechte Seite ins Buchstaben-Heft.
9. Schreib den gesuchten Buchstaben mehrfach darunter und sprich den zugehörigen Laut dazu aus.

Kontrolle:

durch deine Lehrerin oder deinen Lehrer.

---

* Aufbau des Buchstaben-Heftes ist unter Leitkarte B 2.2 zu finden.

Buchstaben-Memory

Leitkarte B 3.2

logographemische Stufe

Material:

- 26 Buchstaben-Kärtchen mit Großbuchstaben*
- 26 Buchstaben-Kärtchen mit Kleinbuchstaben*

Förderschwerpunkte:

- visuelle Diskrimination von Klein- und Großbuchstaben
- Erkennen des Einzelbuchstabens
- Speichern des Einzelbuchstabens als Graphem
- Speichern des Einzelbuchstabens in der Phonem-Graphem-Verbindung
- Klein- und Großbuchstaben einander zuordnen

Instruktion:

1. Such dir einen Mitspieler oder eine Mitspielerin.
2. Legt gemeinsam die Karten mit den Klein- und Großbuchstaben verdeckt hin und mischt sie.
3. Wählt aus wer beginnt. Der- oder diejenige darf zwei Karten aufdecken.
4. Sind auf den beiden Karten die gleichen Buchstaben abgebildet – einmal als Klein- und einmal als Großbuchstabe – dürfen sie eingesammelt und weitere zwei Karten aufgedeckt werden.
5. Andernfalls kommt nun der oder die andere an die Reihe und zieht ebenfalls zwei beliebige Karten usw.
6. Wer am Schluss am meisten Pärchen eingesammelt hat, hat gewonnen.

Selbstkontrolle:

Die Spielpartner kontrollieren sich gegenseitig. Außerdem muss das Spiel aufgehen, denn zu jedem Großbuchstaben gehört ein Kleinbuchstabe.

---

* Druckvorlagen für die Buchstaben-Kärtchen liegen in der Datei gleichen Namens vor (siehe Ordner „Buchstaben-Vorlagen").
  Am besten auf Karton aufdrucken, laminieren und einzeln ausschneiden.

Buchstaben erkennen

Leitkarte B 3.3

logographemische Stufe

Material:

- 26 Karten mit jeweils einem Großbuchstaben und passenden Bildern (Anfangslaut)
- 3 Karten mit jeweils einer Buchstaben-Verbindung und passenden Bildern (Anfangslaut)
- 12 Abdeckplättchen
- *nur für das Einzelspiel:* 26 Karten jeweils in Puzzleteile zerschnitten und in einen Briefumschlag gefüllt.

Förderschwerpunkte:

- visuelle Diskrimination von Graphemen
- Erkennen des Einzelbuchstabens
- Speichern des Einzelbuchstabens als Graphem
- Speichern des Einzelbuchstabens in der Phonem-Graphem-Verbindung

Instruktion:

1. Mische die 29 Karten mit Buchstaben und Bildern und bilde aus den Karten einen verdeckten Stapel.
2. Dein Partner bzw. deine Partnerin soll jetzt wegsehen, während du die erste Karte umdrehst und mit den zwölf Abdeckplättchen verdeckst.
3. Nun darf dein Partner oder deine Partnerin wieder gucken und ein Abdeckplättchen nach dem anderen wegnehmen.
4. Wie viele Abdeckplättchen muss er bzw. sie wegnehmen, um den oder die Buchstaben zu erkennen bzw. anhand der Bilder den entsprechenden Anfangslaut zu erraten?
5. Nun tauscht die Aufgaben: Dein Partner deckt die nächste Karte vom Stapel auf und du musst den Anfangslaut erraten usw.

Selbstkontrolle:

Beim Partnerspiel kontrollieren sich die Kinder gegenseitig.
Beim Puzzle müssen die Figuren zusammenpassen und alle Teile ein geschlossenes Rechteck ergeben.

Buchstaben-Suchbrett   Leitkarte B 3.4

logographemische Stufe

Material:

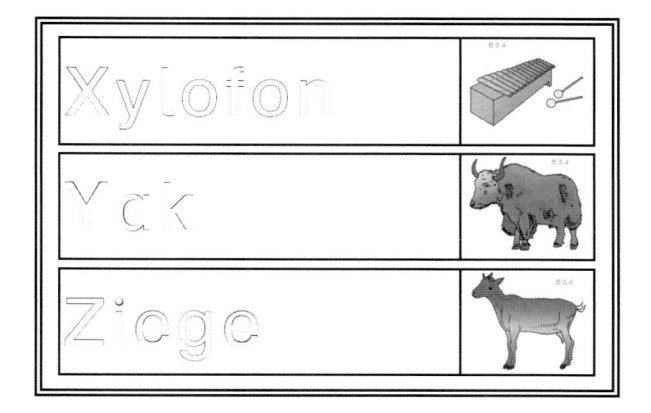

- 26 Wortkarten
- 1 Buchstaben-Suchbrett
- Kontrollkarten
- ggf. Kassette mit Instruktionen

Förderschwerpunkte:

- visuelle Diskrimination der Buchstaben
- Erkennen des Einzelbuchstabens
- Speichern des Einzelbuchstabens als Graphem
- Speichern des Einzelbuchstabens in der Phonem-Graphem-Verbindung

Instruktion:

1. Lass dir von deiner Lehrerin oder deinem Lehrer bzw. über die Kassette einen Buchstaben nennen.
2. Nimm dir die Wortkarten vor. Bei welchen Wörtern kommt der Buchstabe im Wort vor?
3. Hast du ein Wort gefunden, in dem der gesuchte Buchstabe vorhanden ist?
   Dann schieb die Karte mit diesem Wort so auf das Buchstaben-Suchbrett, dass der gesuchte Buchstabe zwischen den beiden Gummibändern erscheint.
4. Gibt es weitere Wörter mit dem gesuchten Buchstaben?
   Dann schieb die auch die anderen Wortkarten auf das Suchbrett.
5. Hast du alle Wortkarten mit dem gesuchten Buchstaben gefunden.
   Dann lass dir den nächsten Buchstaben ansagen.

Selbstkontrolle:

Schau jeweils in den Kontrollkarten nach, ob du alle Wortkarten zum gesuchten Buchstaben gefunden hast.

Hasen-Alphabet

Leitkarte B 3.5

logographemische Stufe

Material:

- 26 Situationsbilder mit Sätzen als Lesekarten
- 26 Situationsbilder mit Sätzen in Punkteschrift als Arbeitsblätter

Förderschwerpunkte:

- visuelle Diskrimination von Graphemen
- auditive Diskrimination von Phonemen
- Erkennen des Einzelbuchstabens
- Speichern des Einzelbuchstabens als Graphem
- Speichern des Einzelbuchstabens in der Phonem-Graphem-Verbindung

Gila geht gerne geigen.

Instruktion:

1. Hol dir eine Lesekarte, in der es um einen Buchstaben geht, den du bereits kennst. Der Buchstabe ist jeweils rot eingefärbt.
2. Wie oft kommt der Buchstabe im Satz vor.
3. Hol dir das Arbeitsblatt mit dem gleichen Bild wie auf deiner Lesekarte. Mal es aus und schreib den Satz darunter. Zieh dazu die Punkteschrift mit einem Stift nach.

Kontrolle:

durch deine Lehrerin oder deinen Lehrer.

Der Aufbau der einzelnen Kapitel: Kapitel C

C Förderung der Silbensynthese

C 1 Verbindung zweier Buchstaben zur Silbe
C 1.1   Der Kran 60
C 1.2   Wagen anhängen 61
C 1.3   Mundbild-Silben 62
C 1.4   Silbenlesekarten 63
C 1.5   Silbenbrett 64
C 1.6   Bilder-Laute-Lotto 65

C 2 Verbindung mehrerer Buchstaben
C 2.1   Pfeilbilder 66
C 2.2   Silbenleseheft 67

C 3 Verbindung zweier Silben zu Wörtern
C 3.1   Hüpfspiel 68
C 3.2   Wörtermemory 69
C 3.3   Silbenpuzzle 70
C 3.4   Silbendomino 71
C 3.5   Silbenblock 72
C 3.6   Silbenreime 73
C 3.7   Holkarten 74
C 3.8   Haustiere – wilde Tiere 75

C 4 Verbindung mehrerer Silben zu Wörtern, Sätzen oder Silbenketten
C 4.1   Silbenhüpf 76
C 4.2   Wörter bauen 77
C 4.3   Die sportliche Treppe 78
C 4.4   Das Fotoalbum 79
C 4.5   Ja oder Nein? 80
C 4.6   Treppen steigen 81
C 4.7   Mauern bauen 82
C 4.8   Mal- und Schneidebogen 83

Der Kran

Leitkarte C 1.1

alphabetische Stufe

Material:

- 24 blaue Karten (Konsonanten)
- 24 rote Karten (Vokale)
- 24 Bildkarten oder entsprechende Gegenstände
  (für jeden Durchgang 8 passende Karten verwenden)
- evtl. Teppichfliesen mit den roten Karten
  (kreisförmig angeordnet)

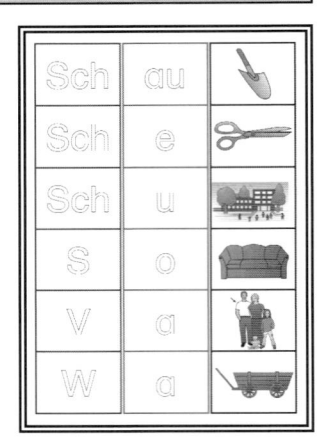

Förderschwerpunkte:

- Vorbereitung auf die Arbeit mit Silben
- Zusammenschleifen zweier Buchstaben, ohne dass zwischen den Buchstaben „abgehackt" gesprochen wird

Instruktion:

1. Der Kran muss viele Gegenstände transportieren. Hole dir die roten Karten (Vokale) und lege sie in einem Kreis um dich herum aus.
2. Lege die blauen Karten (Konsonanten) in einer Linie über den Kreis.
3. Lege alle Bildkarten auf einem Stapel daneben.
4. Suche dir eine Bildkarte mit einem Gegenstand aus, der transportiert werden soll.
5. Du bist Kranführer(in) und sprichst den Namen des Gegenstandes lang aus.
   (Fff...eeee...d...e...r)
6. Mit welchem Laut (Buchstaben) beginnt der Name? Nimm diese blaue Karte (Konsonant) und halte sie in der nach vorne ausgestreckten Hand.
7. Sprich nun den Namen des Buchstabens lang aus.
   (G U M M I S P R E C H E N: Fffffff...)
8. Drehe dich und fahre mit deinem Kran nach unten bis du bei einer roten Karte landest, die zur blauen Karte und zum Bild passt. (Fffffeeeee...)
9. Wenn du die rote Karte berührst, lies sie zusammen mit dem Anfangsbuchstaben.
10. Leg die beiden Buchstaben nun neben die passende Bildkarte.

Varianten:

- nur Konsonanten im Spielfeld, Vokale in der Hand
- Konsonanten und Vokale im Spielfeld, Bildkarten in der Hand

Selbstkontrolle:

Vergleiche mit den Kontrollkarten.

Wagen anhängen

Leitkarte C 1.2

alphabetische Stufe

Material:

- 18 blaue Karten (Konsonanten)
- 18 rote Karten (Vokale)
- 18 Bildkarten
- kleine Spielzeug-Lokomotive mit Anhänger oder entsprechende Ablagefelder (siehe Vorlage im Materialteil)
- Kontrollkarte

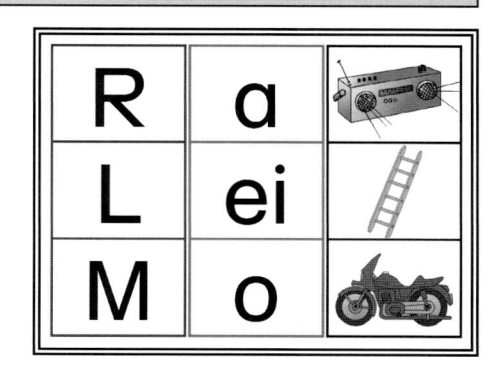

Förderschwerpunkte:

- Silbensynthese
- Zusammenschleifen zweier Buchstaben zu einer Silbe
- Vorbereitung auf die Arbeit mit Silben
- Zerlegung eines Wortes in Silben

Instruktion:

1. Lege alle Bildkarten offen aus.
2. Die 18 blauen Karten sind durchnummeriert. Bringe sie in die richtige Reihenfolge und bilde einen Stapel daraus. Mache das gleiche mit den 18 roten Karten.
3. Trenne die Lokomotive vom Wagen und lege beide vor dich hin.
4. Nimm dir nun die oberste blaue und die oberste rote Karte.
   (Beide Nummer müssen gleich sein.)
5. Lege die blaue Karte mit dem Konsonanten auf die Lokomotive und die rote Karte mit dem Vokal auf den Wagen.
6. Lies den Konsonanten auf der Lokomotive. Sprich ihn so lange aus, bis du den Wagen angehängt hast.
7. Dann sprich den Vokal auf dem Wagen aus.
8. Weißt du nun, was du transportierst? Hole dir das passende Bild.
   (Manchmal kannst du auch zwischen zwei Bildern auswählen.)

Selbstkontrolle:

Vergleiche mit den Kontrollkarte.

Uwe Berlin: Bergedorfer Leseförderung
© Persen Verlag GmbH, Buxtehude

Mundbild-Silben

Leitkarte C 1.3

alphabetische Stufe

Material:

- 7 Mundbild-Silben-Karten
- 7 Bild-Wort-Karten
- Kassette mit Instruktionen
- Kassettenrekorder
- Spiegel
- Folienstift
- Kontrollkarte

Förderschwerpunkte:

- Silbensynthese
- Zusammenschleifen zweier Buchstaben zu einer Silbe
- Vorbereitung auf die Arbeit mit Silben

Instruktion:

1. Mische die Mundbild-Silben-Karten und lege sie offen auf die linke Seite des Tisches.
2. Mische die Bild-Wort-Karten und lege sie so auf die rechte Seite, dass das Bild zu sehen ist.
3. Lege die Kassette in den Kassettenrekorder ein.
4. Höre dir die erste Silbe an.
5. Sprich diese Silbe vor dem Spiegel nach. Beobachte deinen Mund ganz genau.
6. Suche nun die passende Mundbild-Silben-Karte und lege sie vor dich hin.
7. Wenn du hier nicht weiterkommst: Drehe die Mundbild-Silben-Karten, die infrage kommen, einfach um. Dort ist eine Nummer angegeben.
8. Schaue dir nun die Bild-Wort-Karten auf der rechten Seite an. Zu welchem Begriff gehört die genannte Silbe als Anfangssilbe? Lege die entsprechende Bild-Wort-Karte neben die Mundbild-Silben-Karte.
9. Wenn du möchtest, kannst du die Endsilbe(n) des Begriffs noch in das letzte Kästchen der Mundbild-Silben-Karte schreiben.
10. Gehe mit den anderen Silben genauso vor.

Selbstkontrolle:

Vergleiche mit der Kontrollkarte.

Silbenlesekarten

Leitkarte C 1.4

alphabetische Stufe

Material:

- 18 zweigeteilte Silbenkarten
  (so gefaltet, dass ein Buchstabe auf der
  Vorder- und einer auf der Rückseite steht)
- 18 Bildkarten
- 3 Kontrollkarten

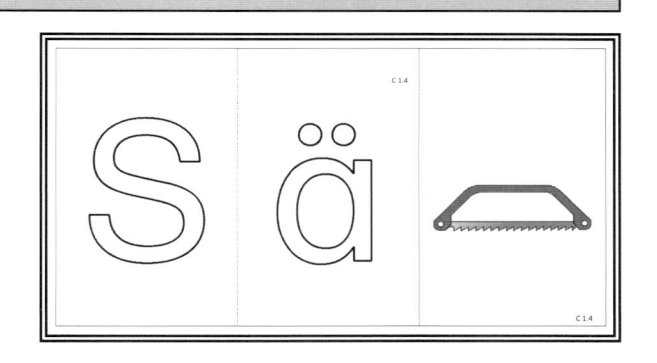

für zweite Variante zusätzlich:

- Papierblätter
- Farbstift

Förderschwerpunkte:

- Zusammenschleifen zweier Buchstaben zu einer Silbe

Instruktion:

1. Lege alle Bildkarten aus.
2. Lege die Silbenkarten auf einen Stapel.
3. Lies die erste Silbenkarte. Lies zuerst den ersten Buchstaben.
   Lies den zweiten Buchstaben. Weißt du schon, welches Bild gesucht wird?
4. Lege das passende Bild neben die Silbenkarte.
5. Usw.

Alternative:

1. Lege alle Bildkarten aus.
2. Lege die Silbenkarten auf einen Stapel.
3. Lies die erste Silbenkarte. Lies den ersten Buchstaben.
   Schreibe diesen Buchstaben auf ein Blatt Papier.
4. Falte die Karte auf. Lies den zweiten Buchstaben.
   Schreibe den zweiten Buchstaben rechts neben den ersten Buchstaben.
5. Lies nun die Karte und fahre gleichzeitig mit deinem Farbstift möglichst
   mit einer großen Bewegung vom ersten zum zweiten Buchstaben.
   (G U M M I S P R E CH E N)
6. Welcher Gegenstand auf den Bilderkarten fängt mit dieser Silbe an?
7. Lege das passende Bild neben die Silbenkarte.

Selbstkontrolle:

mit den Kontrollkarten.

Silbenbrett
alphabetische Stufe

Leitkarte C 1.5

Material:

- 3 leere Gitterbretter
  (y-Achse: Konsonanten, x-Achse: Vokale)
- 56 Silbenkarten
- 3 Kontrollkarten

	A	E	I	O
M	Ma	Me	Mi	Mo
R	Ra	Re	Ri	Ro
S	Sa	Se	Si	So

Förderschwerpunkte:

- Zusammenschleifen zweier lauttreuer Buchstaben zu einer kurzen Silbe
- Vorbereitung auf das gegliederte Lesen von Wörtern

Instruktion:

1. Hole dir ein leeres Gitterbrett.
2. Zeige mit dem rechten Zeigefinger auf ein leeres Feld des Gitters.
3. Ziehe deinen linken Zeigefinger auf die linke Spalte.
4. Welchen Buchstaben siehst du dort?
5. Ziehe gleichzeitig deinen rechten Zeigefinger auf die obere Zeile.
6. Welchen Buchstaben siehst du dort?
7. Lege die passende Silbenkarte in das leere Feld.

Selbstkontrolle:

Vergleiche mit der Kontrollkarte.

Bilder-Laute-Lotto

Leitkarte C 1.6

alphabetische Stufe

Material:

- 3 x 2 Silbenstreifen mit je 4 Silben
- 3 Serien mit je 8 Bildern (zum Thema „Im Haushalt", „Rund ums Haus", „Tiere")
- 6 Grundtafeln
- 3 Kontrollkarten

Förderschwerpunkte:

- Zusammenschleifen zweier Buchstaben zu einer Silbe

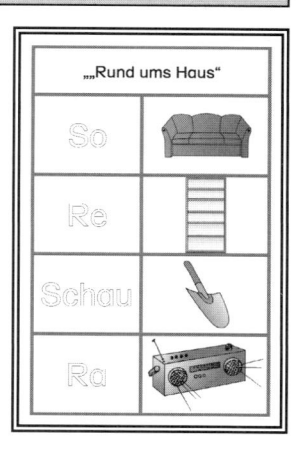

Instruktion:

1. Nimm dir Bilder und Silbenstreifen einer Serie.
2. Lege alle Bildkarten aus.
3. Schau dir die Bilder an und überlege, ob du alle Namen kennst.
4. Nimm nun einen der beiden Silbenstreifen und lege ihn auf die Grundtafel.
5. Lies die erste Silbe! Denke an das G U M M I S P R E C H E N!
6. Ordne ihr die passende Bildkarte zu und lege sie daneben.
7. Verfahre mit den anderen Silben genauso.

Selbstkontrolle:

Vergleiche mit der jeweiligen Kontrollkarte.

Pfeilbilder

Leitkarte C 2.1

alphabetische Stufe

Material:

- 4 Märchenbilder mit Pfeilen
  (Aschenputtel, Dornröschen,
  Hänsel und Gretel, Rapunzel)
- 32 Silbenpfeile passend zu den Märchenbildern
- 4 Kontrollkarten

Förderschwerpunkte:

- Zusammenschleifen zweier Silben zu einem Wort

Instruktion:

1. Hole dir ein Märchenbild.
2. Hast du das Märchen erkannt?
3. Lege die zum Märchen passenden Pfeile aus (gleiche Farbe).
4. Lies den ersten Pfeil.
5. Lege diesen Pfeil an den richtigen Platz des Märchenbildes.
6. Lege auch die anderen Pfeile an die richtigen Stellen.
7. Arbeite genauso bei den anderen Märchenbildern und Pfeilen.

Selbstkontrolle:

Vergleiche mit den Kontrollkarten.

Silbenleseheft
Leitkarte C 2.2

alphabetische Stufe

Material:

- 1 Leseheft, bestehend aus 12 Wörtern
- Kästchen mit 12 Bildkarten
- 12 Bildkarten für die Rückseiten des Leseheftes
- DIN-A4-Blätter
- Farbstifte
- Blatt Papier

Förderschwerpunkte:

- Zusammenschleifen einer Silbe mit und einem oder mehreren Buchstaben zu einem einsilbigen Wort

Instruktion:

Hole dir das Kästchen mit den Bildkarten. Schaue dir alle Karten an. Kannst du im Leseheft die Namen der Dinge wieder finden?

1. Schlage die erste Seite des Lesehefts auf.
2. Lies die ersten Buchstaben des Wortes (linke Spalte).
3. Schreibe sie auf ein Blatt Papier.
4. Lies nun den oder die restlichen Buchstaben (rechte Spalte).
5. Schreibe sie weiter rechts auf das Blatt.
6. Lies nun.
7. Fahre gleichzeitig mit deinem Farbstift möglichst mit einer großen Bewegung vom ersten Buchstaben bis zum letzten Buchstaben.
   Sprich die ersten Buchstaben dabei lang aus G U M M I S P R E CH E N!
   (rrrroooo...t)

Selbstkontrolle:

Auf der Rückseite jeder Leseseite findest du das richtige Bild zum gelesenen Wort.

Hüpfspiel

Leitkarte C 3.1

alphabetische Stufe

Material:

- 20 Bild-Silben-Karten
- 3 Teppichfliesen

Förderschwerpunkte:

- Zerlegung eines Wortes in Silben
- Aufbau eines Wortes aus 2 Silben

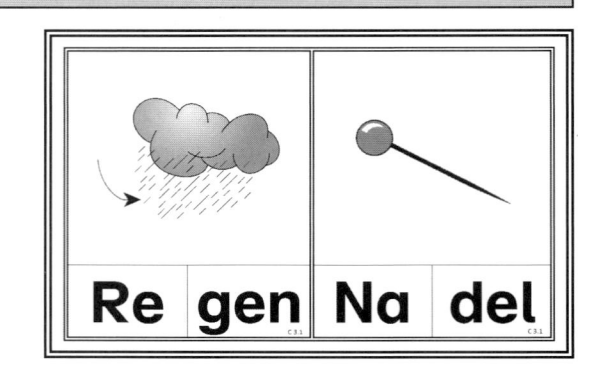

Instruktion:

1. Lege die beiden Teppichfiesen vor dich hin und bleibe davor stehen.
2. Schaue dir die erste Bildkarte an.
3. Kannst du das Wort in Silben aussprechen?
4. Lies die Silben.
5. Hüpfe diese Silben auf den Teppichfliesen.
   Hüpfe bei jeder Silbe eine Teppichfliese weiter.
6. Lege die Bild-Silben-Karte neben der Teppichfliese ab, auf der du nun stehst.

Selbstkontrolle:

Alle Karten müssen neben der zweiten Teppichfliese liegen.

Wörtermemory

Leitkarte C 3.2

alphabetische Stufe

Material:

- je 8 grüne, blaue und rote Bildkarten
- je 16 Silbenkarten in Grün (leicht), Blau (mittel) und Rot (schwierig)
- je eine grüne, blaue und rote Kontrollkarte

Förderschwerpunkte:

- Zerlegung eines Wortes in Silben
- Aufbau eines Wortes aus 2 Silben

Instruktion:

1. Lege alle Bildkarten einer Farbe auf Teppich oder Tisch aus.
2. Lege alle Silbenkarten, die mit einem Großbuchstaben beginnen, untereinander.
3. Lege alle Silbenkarten, die mit einem kleinen Buchstaben beginnen, untereinander
4. Nimm dir eine beliebige Silbenkarte aus der Reihe der Karten mit den Großbuchstaben.
5. Lege diese Silbenkarte zum passenden Bild.
6. Lies die Silbe. Achte auf dein Mitschwingen mit dem Silbenbogen!
7. Suche nun die fehlende Silbe unter den Silbenkarten mit den kleinen Buchstaben.
8. Lege sie ebenfalls zum Bild dazu und lies sie.
9. Gehe mit den anderen Silbenkarten genauso vor.

Selbstkontrolle:

mit den Kontrollkarten.

Silbenpuzzle

Leitkarte C 3.3

alphabetische Stufe

Material:

- 20 zweigeteilte Bildkarten
- 20 zweigeteilte Wortkarten

Förderschwerpunkte:

- Zerlegung eines Wortes in Silben
- Aufbau eines Wortes aus 2 Silben

Instruktion:

1. Lege die geteilten Bildkarten aus.
2. Lege die geteilten Wortkarten aus. Trenne dabei die Anfangs- und Endsilben voneinander.
3. Nimm dir eine Bildkartenhälfte.
4. Suche die andere Hälfte, um das ganze Bild aufzubauen.
5. Hole nun die Anfangssilbe, die zum Bild passt.
6. Dann suche die passende Endsilbe.

Selbstkontrolle:

Wenn du alles richtig zusammengebaut hast, kannst du alle Bilder erkennen und alle Wörter lesen. Es darf nichts übrig bleiben.

Silbendomino

alphabetische Stufe

Leitkarte C 3.4

Material:

- 20 Dominokarten

Förderschwerpunkte:

- Zerlegung eines Wortes in Silben
- Aufbau eines Wortes aus 2 Silben

Instruktion:

1. Mische die Dominokarten.
2. Lege alle Dominokarten auf Teppich oder Tisch aus.
3. Nimm dir eine beliebige Karte.
4. Lies die Silbe unter dem Bild.
5. Suche nun die fehlende Silbe auf einer anderen Karte und lege sie daneben.
6. Lies auf der neuen Karte wieder die Silbe beim Bild und lege passend an.
7. Fahre auf diese Weise fort, bis alle Karten ausgelegt sind oder du nicht mehr anlegen kannst.

Selbstkontrolle:

Die rechte Silbe auf der letzten Dominokarte muss mit der linken Silbe auf der ersten Karte ein Wort ergeben.

Silbenblock

Leitkarte C 3.5

alphabetische Stufe

Material:

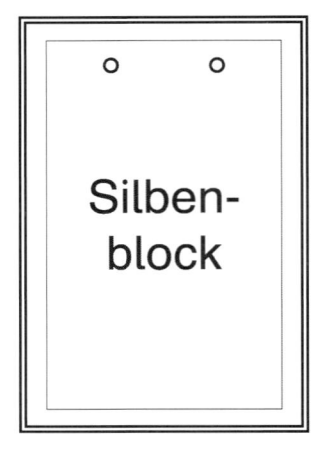

- Silbenblock
  (bestehend aus 32 Silben- und 16 Bildkarten)

Förderschwerpunkte:

- Zerlegung eines Wortes in Silben
- Aufbau eines Wortes aus 2 Silben

Instruktion:

1. Nimm dir den Silbenblock.
2. Schlage die erste Seite auf und lies die Silbe.
3. Merke dir die Silbe.
4. Schlage nun die zweite Seite auf und lies diese Silbe.
5. Hast du das ganze Wort erkannt?
6. Kontrolliere mit der Bildkarte auf der nächsten Seite.
7. Lies nun das nächste Wort im Silbenblock.

Selbstkontrolle:

Jeweils nach einem zweisilbigen Wort folgt das passende Bild im Silbenblock.

Silbenreime

Leitkarte C 3.6

alphabetische Stufe

Material:

- 64 Silbenkarten
- 16 grüne und 16 blaue Bildkarten
- 2 x 16 Kontrollkärtchen
  (für die Rückseiten der Bildkarten)

Förderschwerpunkte:

- Zerlegung eines Wortes in Silben
- Aufbau eines Wortes aus 2 Silben

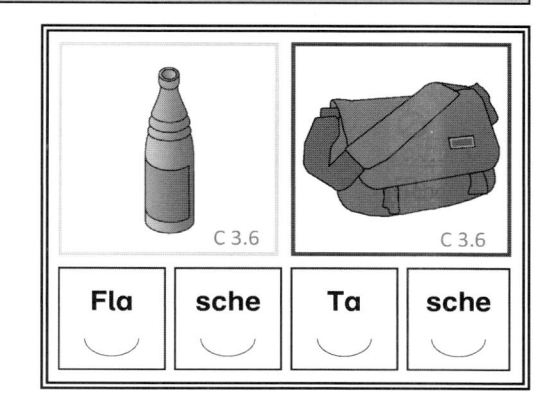

Instruktion:

1. Lege alle Bildkarten nach Farben sortiert auf Teppich oder Tisch aus.
2. Lege alle Silbenkarten aus.
3. Ordne die Silbenkarten so, dass die Silbenkarten mit großem Anfangsbuchstaben untereinander liegen. Daneben sollen die Silbenkarten mit kleinem Anfangsbuchstaben untereinander liegen.
4. Nimm dir eine beliebige grüne Bildkarte.
5. Was siehst du auf dem Bild?
6. Suche die passenden Silben zu diesem Bild.
7. Hole dir nun das blaue Bild, dessen Name sich auf den Namen des grünen Bildes reimt.
8. Was siehst du auf diesem Bild?
9. Suche die passenden Silben dazu.
10. Wenn du fertig bist: Welche beiden Wörter reimen sich? Lege die Paare nebeneinander

    Vergiss nicht, zu jeder Silbe Silbenbögen in die Luft zu malen!

Selbstkontrolle:

Vergleiche mithilfe der Reimwörter auf den Rückseiten der Bildkarten.

Uwe Berlin: Bergedorfer Leseförderung
© Persen Verlag GmbH, Buxtehude

Holkarten   Leitkarte C 3.7

alphabetische Stufe

Material:

- 18 Holkarten in Silbenschreibweise

Förderschwerpunkte:

- Zerlegung eines Wortes in Silben
- Aufbau eines Wortes aus 2 Silben

C 3.7 Ho	le	ei	nen	Ran	zen.
C 3.7 Ho	le	ei	ne	Ga	bel.
C 3.7 Ho	le	ei	ne	Do	se.
C 3.7 Ho	le	ei	nen	Ei	mer.

Instruktion:

1. Kennst du dich in deiner Schule aus?
2. Nimm dir eine Holkarte.
3. Lies die Karte.
4. Führe aus, was auf der Karte steht.
5. Lege die Dinge, die du geholt hast, immer neben die passende Holkarte.

Selbstkontrolle:

durch die Lehrerin.

Haustiere – wilde Tiere

Leitkarte C 3.8

alphabetische Stufe

Material:

- 40 Silbenkarten (zu 20 Tiernamen)
- 20 Bildkarten
- 2 Karten mit Überschriften
- 2 Kontrollkarten

Förderschwerpunkte:

- Zusammenschleifen zweier Silben zu einem Wort.

Instruktion:

Kannst du Haustiere und wilde Tiere unterscheiden?
Zuerst kannst du dir die Bilder anschauen und überlegen, welche Tiere du kennst.

1. Lege die Bildkarten aus.
2. Suche die Haustiere heraus und lege sie untereinander unter die blaue Überschrift.
3. Suche die wilden Tiere heraus und lege sie untereinander unter die rote Überschrift.
4. Lege nun alle Silbenkarten aus.
5. Lege die Silbenkarten, die mit einem Großbuchstaben beginnen, untereinander.
6. Lege die Silbenkarten, die mit einem kleinen Buchstaben beginnen, untereinander.
7. Nimm dir eine Silbenkarte, die mit einem Großbuchstaben beginnt.
8. Lies die Silbenkarte.
9. Lege diese Silbenkarte neben das passende Tierbild.
10. Welche zweite Silbe gehört zu der Anfangssilbe?
    Lies alle Silbenkarten, die mit kleinen Buchstaben beginnen.
11. Kannst du so die Namen aller Tiere finden und bauen?

Selbstkontrolle:

Vergleiche mit den Kontrollkarten.

Silbenhüpf

Leitkarte C 4.1

alphabetische Stufe

Material:

- 60 Silbenkarten
  (4 schwarz, 8 grün, 12 blau, 16 rot, 20 pink)
- 20 Bildkarten
- Silbenbögen (z. B. halbierte Gardinenringe)
- 6 Teppichfliesen

Förderschwerpunkte:

- akustische Analyse – Silben hören
- Wörter aus Silben aufbauen und lesen

Instruktion:

1. Lege 6 Teppichfliesen hintereinander aus.
2. Lege alle Silbenkarten aus.
3. Nimm dir eine Bildkarte.
4. Sprich den Namen in Silben aus. Du kannst für jede Silbe einen Bogen in die Luft oder noch besser an die Tafel malen.
5. Hüpfe so viele Teppichfliesen ab, wie das Wort Silben enthält.
6. Suche nun aus den Silbenkarten die passenden Silben.
7. Sprich die erste Silbe und hüpfe sie.
8. Sprich alle weiteren Silben und hüpfe sie.

Selbstkontrolle:

Zähle auf, wie viele Fliesen du gehüpft bist und vergleiche ihre Anzahl mit der Anzahl der Silbenkarten beim jeweiligen Bild.

Wörter bauen

Leitkarte C 4.2

alphabetische Stufe

Material:

- 24 grüne Silbenkarten (3-silbige Wörter)
- 32 blaue Silbenkarten (4-silbige Wörter)
- 30 rote Silbenkarten (5-silbige Wörter)
- Wörterlisten
- 22 Bildkarten (in Grün, Blau und Rot)
- 3 Kontrollkarten

Förderschwerpunkte:

- Zerlegung eines Wortes in Silben
- Aufbau eines Wortes aus mehreren Silben

Instruktion:

1. Lege alle Bildkarten einer Farbe auf Teppich oder Tisch aus.
2. Nimm dir eine Silbenkarte in dieser Farbe.
3. Lies die Silbe. Schwinge einen Silbenbogen mit!
4. Zu welchem Bild passt die Silbe?
5. Suche die fehlenden Silben zum Wort.
6. Lege die Silben in der richtigen Reihenfolge neben die Bildkarte.

Selbstkontrolle:

Auf den Rückseiten der Bildkarten stehen die richtigen Wörter.

Die sportliche Treppe

Leitkarte C 4.3

alphabetische Stufe

Material:

- 35 Silbenkarten
- 9 Bildkarten

Förderschwerpunkte:

- Zusammenschleifen von zwei, drei, vier und fünf Silben zu einem Wort.

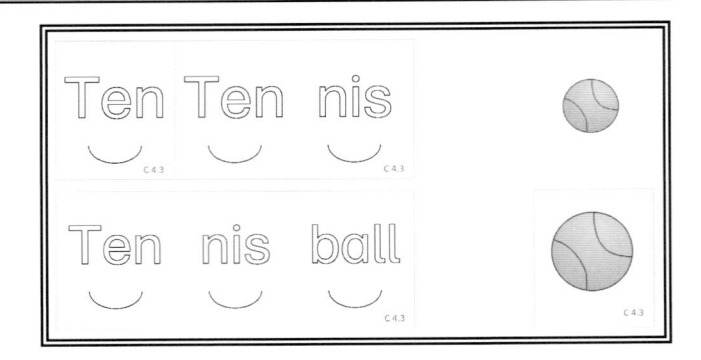

Instruktion:

Kennst du dich im Sport aus?

1. Lege die Bildkarten einer Farbe aus.
2. Lege alle Silbenkarten der gleichen Farbe aus.
3. Nimm eine der Bildkarten.
4. Sprich den Namen in Silben aus.
5. Suche die passenden Silben und baue das Wort in Treppen auf.

Selbstkontrolle:

Auf der Rückseite des vollständigen Wortes befindet sich ein Bild. Hast du die richtigen Silbenkarten zu deinem Bild ausgesucht?

Das Fotoalbum

Leitkarte C 4.4

alphabetische Stufe

Material:

- 10 Satzstreifen
- 10 Fotoalbenseiten
- 10 Kontrollstreifen

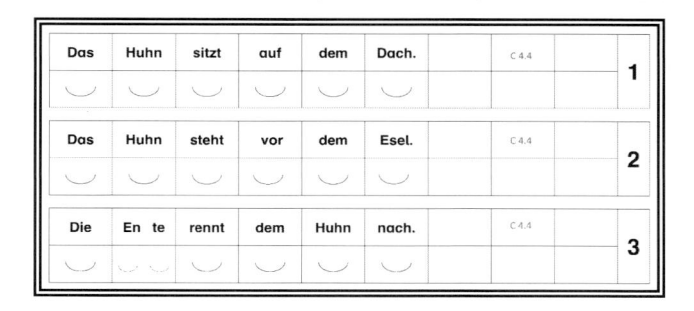

Das	Huhn	sitzt	auf	dem	Dach.	C 4.4	1
Das	Huhn	steht	vor	dem	Esel.	C 4.4	2
Die	En te	rennt	dem	Huhn	nach.	C 4.4	3

Förderschwerpunkte:

- Zusammenschleifen von zwei, drei und vier Silben zu einem Wort.

Instruktion:

Im Fotoalbum fehlen noch Sätze zu den Bildern. Kannst du sie zuordnen?

1. Hole dir das Fotoalbum.
2. Hole dir die Satzstreifen und lege sie aus.
3. Lege die passenden Satzstreifen unter die Bilder.

Selbstkontrolle:

Vergleiche mit den Kontrollstreifen.

Ja oder Nein?

Leitkarte C 4.5

alphabetische Stufe

Material:

- 11 Bildkarten mit einem Silbensatz
- 6 Ja-Karten
- 5 Nein-Karten
- 11 Kontrollkarten

Förderschwerpunkte:

- Zusammenschleifen von zwei, drei und vier Silben zu einem Wort
- Förderung der Sinnerwartung beim Lesen

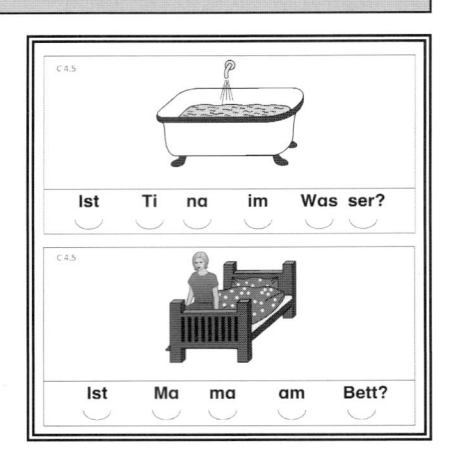

Instruktion:

1. Lege die Ja- und Nein-Karten aus.
2. Nimm dir eine Bildkarte und lies den Satz darunter.
3. Wie lautet die Antwort?
4. Lege dementsprechend eine Ja- oder eine Nein-Karte zur Bildkarte.

Selbstkontrolle:

Auf der Rückseite der Bildkarte findest du zur Kontrolle die richtige Antwort.

Treppen steigen

Leitkarte C 4.6

alphabetische Stufe

Material:

- 30 Silbenkarten

Förderschwerpunkte:

- Silbensynthese
- erstes Zusammenschleifen mehrerer Silben

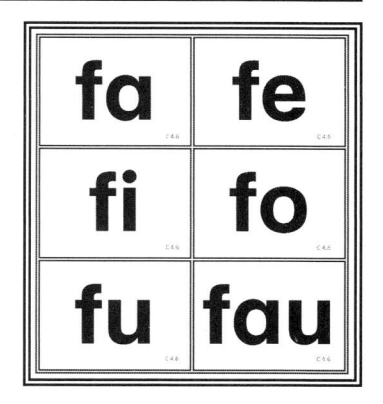

Instruktion:

1. Wie viele Silbenkarten kannst du hintereinander lesen?
   Nimm dir so viele, wie du glaubst, hintereinander lesen zu können.
2. Lege jede der Silbenkarten auf eine Treppenstufe.
3. Springe auf die erste Stufe und lies die Karte.
4. Springe auf die nächste Stufe und lies weiter.
5. Kannst du auf der letzten Stufe alle Karten als ein Wort lesen?
6. Wie viele Stufen hast du heute geschafft?
7. Wie weit kommst du morgen?
8. Lies deiner Lehrerin zum Schluss deiner Arbeit eine Silbentreppe vor.

Selbstkontrolle:

durch die Lehrerin.

Mauern bauen

Leitkarte C 4.7

alphabetische Stufe

Material:

- 24 Silbenkarten
- mindestens 4 Holzklötze

Förderschwerpunkte:

- Silbensynthese
- erstes Zusammenschleifen mehrerer Silben

Instruktion:

1. Nimm dir einen Würfel als ersten Mauerstein.
2. Lies die Silbe, die vorne draufsteht.
3. Setze einen anderen Stein daneben.
4. Kannst du das neue Wort lesen? Wenn ja, lege einen weiteren Mauerstein an. Wenn nein, beginne mit einer neuen Mauer.
5. Wie lang ist deine längste Mauer?
6. Lies sie zum Schluss deiner Lehrerin vor.
7. Wie lang ist deine Mauer morgen?

Selbstkontrolle:

durch die Lehrerin.

Mal- und Schneidebogen

Leitkarte C 4.8

alphabetische Stufe

Material:

- 2 Mal- und Schneidebögen
- 4 Karten mit je 6 Silbensätzen
- 4 Kontrollkarten

Förderschwerpunkte:

- Zusammenschleifen zwei, drei und vier Silben zu einem Wort

Instruktion:

1. Hol dir eine Karte mit Sätzen.
2. Hol dir die Mal- und Schneidebögen.
3. Lies die Sätze auf der Karte.
4. Tu, was auf der Karte steht.
5. Hol dir die nächste Karte.

Selbstkontrolle:

mit den Kontrollkarten.

Der Aufbau der einzelnen Kapitel: Kapitel D

D   Förderung der Wortsynthese

D 1   Buchstabensynthese mit lauttreuen Wörtern
    D 1.1   Erste Lesekästchen 85
    D 1.2   Lesezug 86
    D 1.3   Wortauf- und -abbau 87
    D 1.4   Lesepfeile 88
    D 1.5   Zauberstern 89
    D 1.6   Wechselwörter 90
    D 1.7   Rückwärtslesen 91

D 2   Einige Wörter lesen
    D 2.1   Holwörter 92
    D 2.2   Bringwörter 93
    D 2.3   Spiegelschrift 94
    D 2.4   Substantive 95
    D 2.5   Schwimmen und Sinken 96
    D 2.6   Baue ein Bild 97

Erste Lesekästchen

Leitkarte D 1.1

logographemische Stufe

Material:

- 20 Lesekästchen als Legetafeln mit je 6 abgebildeten* Gegenständen (nach Schwierigkeitsgrad geordnet)
- 20 x 6 dazugehörige Wortkärtchen
- Bleistift und Papierstreifen (nur für die einführende Übung)

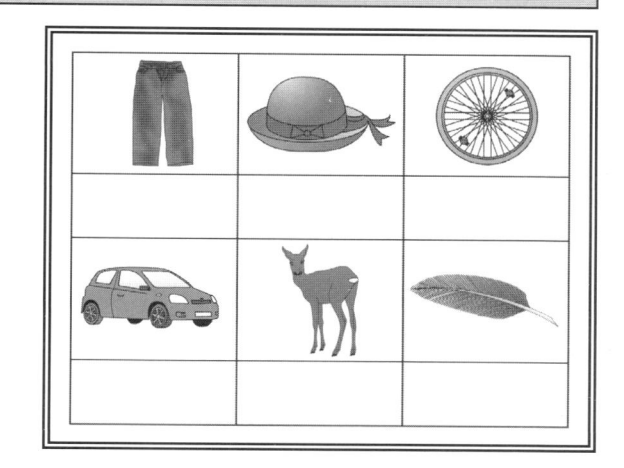

Förderschwerpunkte:

- Zusammenziehen mehrerer Buchstaben zu einem Wort
- Buchstabensynthese

Instruktion für die einführende Übung:

1. Die Lehrerin bzw. der Lehrer schreibt ein Wort (z. B. aus Lesekästchen 1) synthetisierend auf einen Papierstreifen.
2. Dann bittet er bzw. sie das Kind: „Kannst du mir die Karte mit dem Gegenstand bringen, dessen Name ich aufgeschrieben habe?"

Instruktion für die Einzelarbeit:

1. Hol dir Lesekästchen Nr.1
2. Hol dir alle Wortkärtchen mit der Nummer 1.
3. Lies eines davon.
4. Leg es unter das entsprechende Bild im Lesekästchen.
5. Nimm das nächste Wortkärtchen und fahre auf die gleiche Weise fort.
6. Hol dir Lesekästchen Nr. 2 und die entsprechenden Wortkärtchen.
7. usw.

Selbstkontrolle:

Zu jedem Bild gehört ein Wortkärtchen.

---

* Die Lesekästchen mit den Abbildungen können ggf. jeweils durch 6 konkrete Gegenstände ersetzt werden, die auf Tisch oder Teppich ausgelegt werden. Dabei möglichst bei jedem Übungsdurchgang auf einen etwa einheitlichen Schwierigkeitsgrad achten.

Lesezug

Leitkarte D 1.2

alphabetische Stufe

Material:

- 6 lange Lesezüge (jeweils bestehend aus einer Lok und mehreren Wortstreifen)
- 1 „Tunnel" (zum Durchziehen des „Lesezuges")

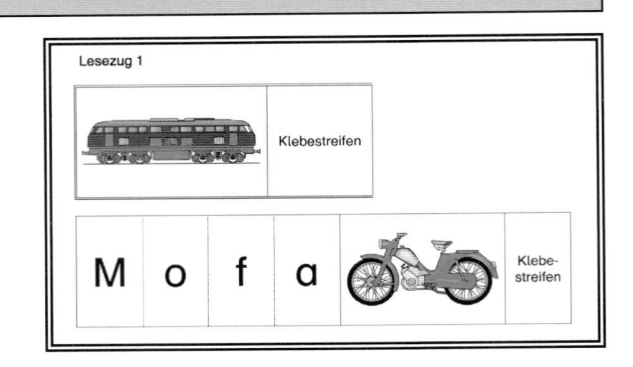

Förderschwerpunkte:

- Zusammenziehen mehrerer Buchstaben zu einem Wort
- Buchstabensynthese

Instruktion:

1. Hol dir den Tunnel und Lesezug 1.
2. Schieb die Lokomotive durch den Tunnel.
3. Lies Buchstabe für Buchstabe, was auf den einzelnen Wagen aufgeladen ist.
4. Geh mit den weiteren Lesezügen genauso vor.

Selbstkontrolle:

Am Ende jedes Wagens findest du die richtige Lösung – das Lösungsbild.

Wortauf- und -abbau

Leitkarte D 1.3

alphabetische Stufe

Material:

- 25 Lesekarten mit lauttreuen Wörtern
  (im Wortauf- bzw. -abbau)
- 1 Schiebekasten

Förderschwerpunkte:

- Zusammenziehen mehrerer Buchstaben zu einem Wort
- Buchstabensynthese

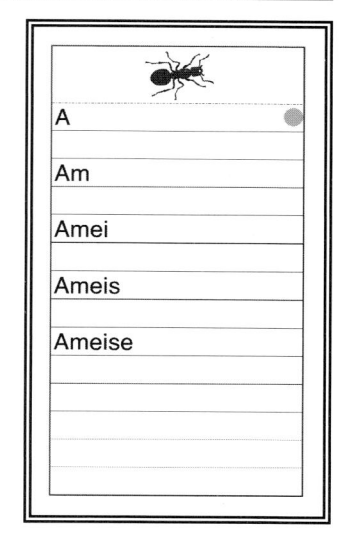

Instruktion:

1. Nimm dir eine Lesekarte.
2. Schieb die Karte so weit durch den Schiebekasten, bis die erste Zeile im Fenster erscheint.
3. Lies die erste Zeile!
4. Schieb weiter bis zur nächsten Zeile und lies diese.
5. Mach so lange weiter, bis du das ganze Wort erlesen hast.
6. Manche Wörter kannst du so lange weiter schieben, bis du wieder den Anfangsbuchstaben des Wortes lesen kannst.

Selbstkontrolle:

Das Bild auf der Rückseite der Lesekarte zeigt dir, ob du richtig gelesen hast.

Uwe Berlin: Bergedorfer Leseförderung
© Persen Verlag GmbH, Buxtehude

Lesepfeile

alphabetische Stufe

Leitkarte D 1.4

Material:

- 10 x 4 Pfeile mit unterschiedlichen Anfangsbuchstaben
- 10 x 4 Felder mit gleichen Wortendungen
- 10 Kontrollkarten
  (auch als Leseübung zu verwenden)

Förderschwerpunkte:

- Erkennen, dass sich die Wortbedeutung durch die Änderung vom Anfangsbuchstaben verändert.

Instruktion:

1. Hol dir alle 10 Blätter mit den unterschiedlichen Wortendungen.
2. Leg ein Blatt mit den 4 Pfeilen einer Farbe aus.
3. Welche Wortendung passt zu jedem dieser Anfangsbuchstaben?
4. Leg das Blatt mit den entsprechenden Wortendungen an.
5. Ergeben sich nur sinnvolle Wörter, dann hast du die richtige Zuordnung getroffen.
6. Geh mit den anderen Pfeil-Serien genauso vor.

Selbstkontrolle:

mit den Kontrollkarten

Zauberstern

Leitkarte D 1.5

alphabetische Stufe

Material:

- 7 Zaubersterne mit je 8 Wortendungen
- 7 Buchstabenkärtchen
  (mit den Anfangsbuchstaben zu den Zaubersternen)
- 56 Wortkärtchen

Förderschwerpunkte:

- Zusammenziehen mehrerer Buchstaben zu einem Wort
- Buchstabensynthese

Instruktion:

1. Nimm dir ein Blatt mit einem Zauberstern.
2. Leg alle Buchstabenkärtchen aus.
3. Welches Buchstabenkärtchen passt in deinen Zauberstern?
4. Such nun aus den 56 Wortkarten die 8 Wörter des Zaubersterns heraus.
5. Leg sie neben dem Zauberstern ab.
6. Geh mit den anderen Zaubersternen genauso vor.

Selbstkontrolle:

Wenn du richtig gearbeitet hast, bleibt am Schluss keine Wortkarte sowie kein Buchstabenkärtchen übrig.

Wechselwörter

alphabetische Stufe

Leitkarte D 1.6

Material:

- 10 Legetafeln
- 10 x 6 Wortkarten
- 10 Kontrollkarten

Förderschwerpunkte:

- Erkennen, dass sich Wortbedeutungen durch Austausch einzelner Buchstaben verändern.

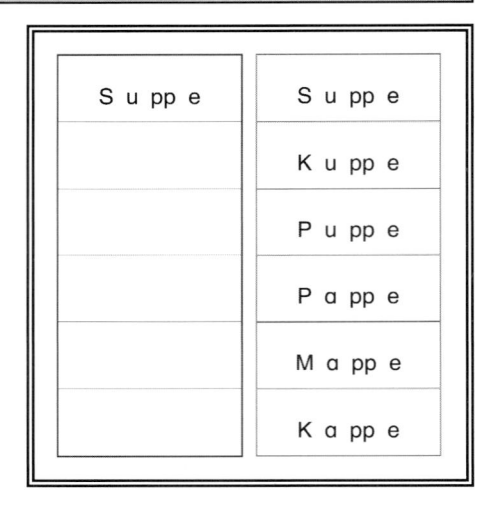

S u pp e	S u pp e
	K u pp e
	P u pp e
	P a pp e
	M a pp e
	K a pp e

Instruktion:

1. Hol dir eine Legetafel und die zugehörigen Wortkarten (Rahmen gleicher Farbe).
2. Lies das erste Wort auf der Legetafel.
3. Leg eine Wortkarte darunter, die sich nur in einem Buchstaben vom ersten Wort unterscheidet.
4. Leg die anderen Wortkarten nach dem gleichen Prinzip nach und nach darunter an.

Selbstkontrolle:

Auf den Kontrollkarten findet sich eine mögliche Lösung. Zum Teil sind aber auch andere Lösungen möglich.

Rückwärtslesen

Leitkarte D 1.7

alphabetische Stufe

Material:

- 26 Wort-Bild-Karten vorwärts (schwarze Schrift)
- 26 Wortkarten rückwärts (rote Schrift)

Förderschwerpunkte:

- Erkennen, dass sich die Wortbedeutungen durch Änderung der Reihenfolge der Buchstaben ändern.

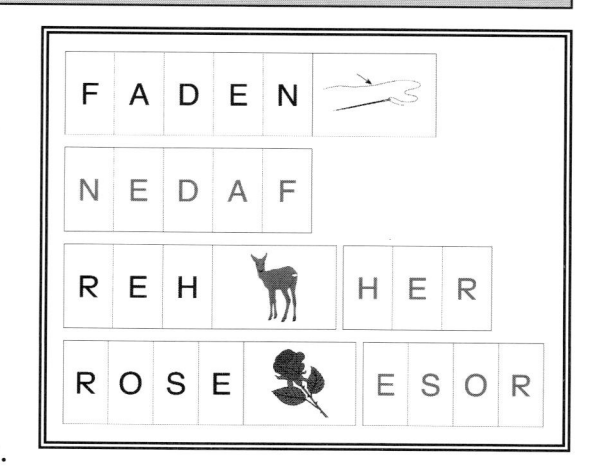

Instruktion:

1. Leg alle Wort-Bild-Karten aus.
2. Nimm nun den Stapel mit den Wortkarten in roter Schrift zur Hand und nimm das erste Wort auf.
3. Lies es rückwärts! (das Wort von hinten lesen)
4. Kannst du es erlesen? Dann lege es zur zugehörigen Wort-Bild-Karte. Auf ihr stehen die Buchstaben in der richtigen Reihenfolge und der entsprechende Gegenstand ist abgebildet.
5. Geh mit den anderen roten Wortkarten genauso vor.

Selbstkontrolle:

Die gefundenen Wortpaare (vorwärts/rückwärts) müssen auf der Rückseite jeweils die gleiche Zahl oder das gleiche Symbol tragen, dann wurde die Aufgabe richtig gelöst.

Holwörter

Leitkarte D 2.1

alphabetische Stufe

Material:

30 Wortkarten in drei Schwierigkeitsstufen, die Gegenstände des Klassenzimmers bezeichnen:
- 6 x leicht (grüner Rahmen)
- 12 x mittel (blauer Rahmen)
- 12 x schwer (roter Rahmen)

3. Schwierigkeitsstufe: schwer		
Schwamm	Ordner	Zehnerstange
Bleistift	Mäppchen	Büroklammer
Diskette	Radiergummi	Schnürsenkel
Wortkarte	Taschenrechner	Geodreieck

Förderschwerpunkte:

- Zusammenziehen mehrerer Buchstaben zu einem Wort
- Buchstabensynthese
- automatisches direktes Erkennen von Wörtern

Instruktion:

1. Leg die Wortkarten einer Farbe auf einen Stapel.
2. Lies das erste Wort.
3. Hol den Gegenstand und lege ihn neben die Wortkarte.
4. Nimm nun die nächste Wortkarte auf usw.

Kontrolle:

durch deine Lehrerin/deinen Lehrer.

Bringwörter

Leitkarte D 2.2

alphabetische Stufe

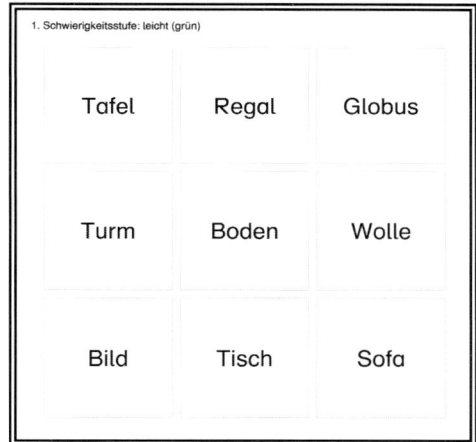

Material:

30 Wortkarten in drei Schwierigkeitsstufen, die Gegenstände des Klassenzimmers bezeichnen:
- 10 x leicht (grüner Rahmen)
- 10 x mittel (blauer Rahmen)
- 10 x schwer (roter Rahmen)

	1. Schwierigkeitsstufe: leicht (grün)	
Tafel	Regal	Globus
Turm	Boden	Wolle
Bild	Tisch	Sofa

Förderschwerpunkte:

- Zusammenziehen mehrerer Buchstaben zu einem Wort
- Buchstabensynthese
- automatisches direktes Erkennen von Wörtern

Instruktion:

1. Nimm dir eine Wortkarte.
2. Lies das Wort.
3. Bring die Wortkarte zum Gegenstand, lege sie daneben, oder hänge sie an den Gegenstand.

Kontrolle:

durch deine Lehrerin/ deinen Lehrer.

Spiegelschrift   Leitkarte D 2.3

alphabetische Stufe

Material:

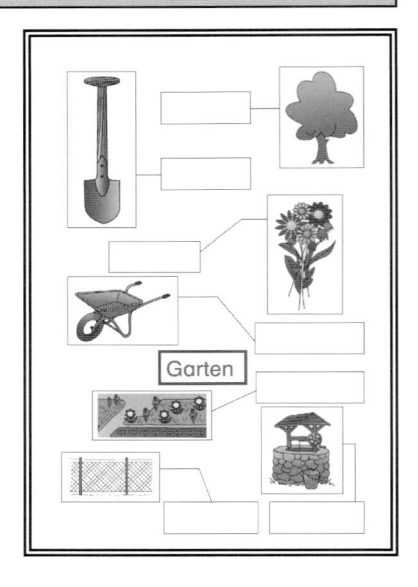

- 8 Legetafeln
- 8 x 5–8 Wortkarten in Spiegelschrift
- 8 Kontrollkarten
- kleiner Spiegel (sollte möglichst selbstständig stehen, z. B. ein Kosmetikspiegel oder ein Taschenspiegel mithilfe einer Setzleiste)

Förderschwerpunkte:

- Zusammenziehen mehrerer Buchstaben zu einem Wort
- Buchstabensynthese
- automatisches direktes Erkennen von Wörtern

Instruktion:

1. Hol dir eine Legetafel und die zugehörigen Wortkarten in Spiegelschrift (Schrift in gleicher Farbe).
2. Leg eine Wortkarte vor den Spiegel.
3. Nun kannst du das Wort lesen.
4. Leg das Wort an der richtigen Stelle der Legetafel ab.
5. Arbeit mit den anderen Wortkarten ebenso.

Selbstkontrolle:

mit der entsprechenden Kontrollkarte.

Substantive

Leitkarte D 2.4

alphabetische Stufe

Material:

- je 2 x 10 bzw. 3 x 10 Wortkarten zu den Themen: Fahrzeuge (MD 2.4.1), Werkzeug – Spielzeug (MD 2.4.2), Haustiere – Wildtiere (MD 2.4.3)
- je 1 Legetafel
- je 2 x 10 bzw. 3 x 10 Kontrollkärtchen (für die Rückseiten der Wortkarten)
- je 1 Kontrollkarte

Wortkarten		
Hund	Katze	Kuh
Ziege	Schaf	Pferd
Esel	Schwein	Gans
Huhn	Iltis	Igel
Marder	Reh	Hirsch
Fuchs	Fasan	Bussard
Eule	Dachs	

Förderschwerpunkte:

- Zusammenziehen mehrerer Buchstaben zu einem Wort
- Buchstabensynthese
- automatisches, direktes Erkennen von Wörtern

Instruktion:

1. Leg die Legetafel vor dich hin.
2. Nimm eine der Wortkarten auf und lies das Wort.
3. Ordne es der passenden Überschrift auf der Legetafel zu und leg es in die entsprechende Tabellenspalte.

Selbstkontrolle:

mit der Kontrollkarte oder mit den Kontrollkärtchen auf den Rückseiten der Wortkarten.

Schwimmen und Sinken

Leitkarte D 2.5

alphabetische Stufe

Material:

- 20 Wortkarten
- 1 Legetafel „Schwimmen und Sinken"
- 1 Kontrollkarte
- Gegenstände passend zu den Wortkarten
- Handtuch
- Schüssel

Wortkarten		
Kork	Holz	Stroh
Kerze	Papier	Bleistift
Flasche	Ast	Holzwäscheklammer
Styropor	Schraube	Münze
Radiergummi	Nagel	Gummiring
Stein	Schere	Draht
Schraubendreher	Büroklammer	

Förderschwerpunkte:

- Zusammenziehen mehrerer Buchstaben zu einem Wort
- Buchstabensynthese
- automatisches direktes Erkennen von Wörtern

Instruktion:

1. Füll deine Schüssel mit Wasser.
2. Leg die Legetafel **Schwimmen und Sinken** aus.
3. Stell alle Gegenstände auf den Teppich.
4. Nimm dir ein Wortkärtchen.
5. Lies das Wort.
6. Ordne das Wort dem passenden Gegenstand zu.
7. Leg den Gegenstand in die Schüssel mit Wasser.
8. Schwimmt der Gegenstand?
9. Leg den Gegenstand und das Wortkärtchen unter die richtige Spalte bei **Schwimmen – Sinken.**

Selbstkontrolle:

mit der Kontrollkarte.

Baue ein Bild

Leitkarte D 2.6

alphabetische Stufe

Material:

- 14 Teile des Bildes
- 14 Wortkarten
- 1 Kontrollkarte

Förderschwerpunkte:

- Zusammenziehen mehrerer Buchstaben zu einem Wort
- Buchstabensynthese
- automatisches direktes Erkennen von Wörtern

Instruktion:

1. Leg die Teile des Bildes aus.
2. Versuch aus den Teilen ein Bild zu bauen.
3. Leg die Wortkarten aus.
4. Nimm dir eine Wortkarte.
5. Lies das Wort.
6. Ordne das Wort dem richtigen Teil des Bildes zu.

Selbstkontrolle:

mit der Kontrollkarte.

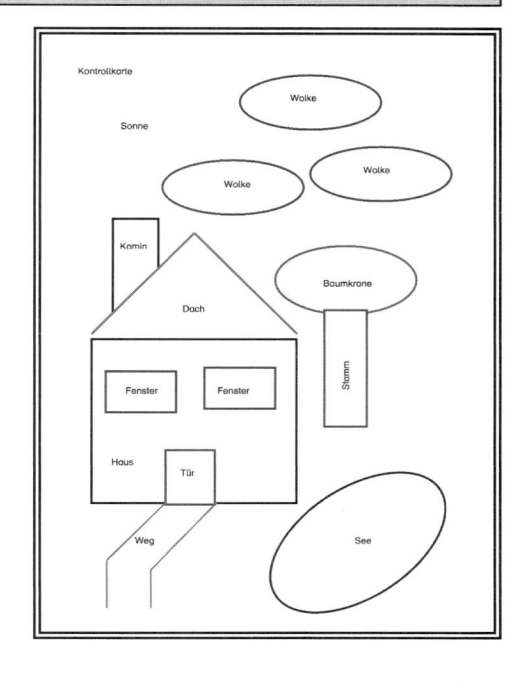

Der Aufbau der einzelnen Kapitel: Kapitel E

E Förderung der direkten Worterkennung

E 1 Aufbau eines Minimalwortschatzes
- E 1.1 Klammerstreifen 99
- E 1.2 Lesen und Schreiben 100
- E 1.3 Die 100-Wörter-Rolle 101
- E 1.4 Schiffe versenken 102
- E 1.5 Ordnung nach dem Alphabet 103
- E 1.6 Kennst du die Antwort? 104

E 2 Schwierige Buchstabengruppen
- E 2.1 Buchstabenverbindungen I 105
- E 2.2 Buchstabenverbindungen II 106
- E 2.3 Buchstabenverbindungen III 107
- E 2.4 Buchstabenverbindungen IV 108
- E 2.5 Kennst du dich aus? 109

E 3 Signalgruppen
- E 3.1 Signalgruppen finden 110
- E 3.2 Mit Bildern Wörter bauen 111
- E 3.3 Signalgruppen erkennen 112
- E 3.4 Signalgruppen schreiben 113
- E 3.5 Mit Signalgruppen Wörter bauen 114
- E 3.6 Reimwörter 115
- E 3.7 Eigene Wörter 116

E 4 Zusammengesetzte Wörter
- E 4.1 Wo wohnen die Wörter? 117
- E 4.2 Wortmultiplikator 118
- E 4.3 Zusammengesetzte Namenwörter 119
- E 4.4 Wortpyramiden 120

Klammerstreifen

Leitkarte E 1.1

orthographische Stufe

Material:

- Lesestreifen zu 20 Anfangsbuchstaben
- Lesefenster
- Klammern (z. B. kleine Wäscheklammern)

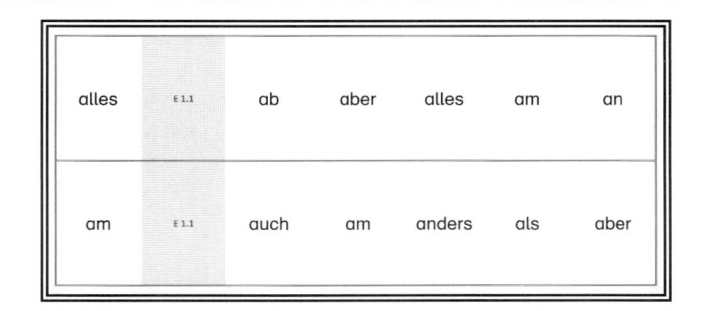

alles	E 1.1	ab	aber	alles	am	an
am	E 1.1	auch	am	anders	als	aber

Förderschwerpunkte:

- automatisiertes direktes Erkennen der Wörter eines Minimalwortschatzes

Instruktion:

1. Hol dir einen Lesestreifen.
2. Schieb den Streifen durch das Lesefenster und lies das erste Wort.
3. Wenn du das gleiche Wort auf dem rechten Teil des Streifens findest, dann setze dort eine Klammer.

Selbstkontrolle:

Vergleiche mit den Lösungswörtern auf der Rückseite des Lesestreifens.

Lesen und Schreiben

Leitkarte E 1.2

orthographische Stufe

Material:

- 18 Serien Wortkarten in normaler Schrift
- 18 Serien Wortkarten in Kästchenschrift
- wasserlöslicher Folienschreiber

Förderschwerpunkte:

- Training eines Minimalwortschatzes
- Erkennen des Wortbaus
  (Groß- und Kleinbuchstaben,
  Ober- und Unterlängen)

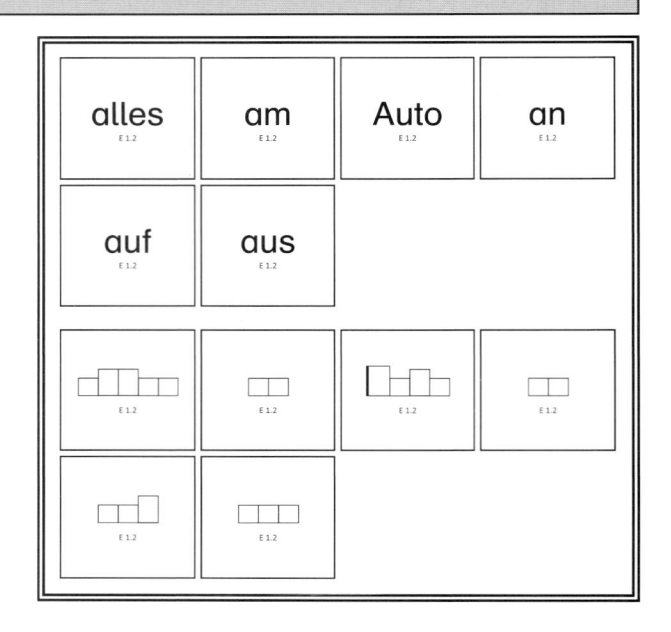

Instruktion:

1. Nimm dir alle Wortkarten einer Serie.
2. Leg die Wortkarten in normaler Schrift auf einen Stapel.
3. Leg die dazugehörigen Wortkarten in Kästchenschrift offen aus.
4. Nimm die erste Karte vom Stapel auf und lies das Wort.
5. Ist es groß oder klein geschrieben? Gibt es Dopplungen (z. B. ll, tt)?
6. Welche der ausgelegten Karten zeigt das gleiche Wort in Kästchenschrift?
7. Nimm dir die Karte vor und trage die Buchstaben des Wortes in Druckbuchstaben in die Kästchen ein.
8. Geh mit den anderen Karten genauso vor.

Selbstkontrolle:

Wenn du die richtige Karte mit Kästchenschrift herausgesucht hast, müssten die Buchstaben in die Kästchen passen (Großbuchstaben in große Kästchen, Kleinbuchstaben in kleine usw.). Für jede Serie gilt, es bleibt am Ende keine Karte übrig.

Die 100-Wörter-Rolle

Leitkarte E 1.3

orthographische Stufe

Material:

- 100 Wortkarten mit häufig vorkommenden Wörtern
- Blanko-Liste

ja	kann	kein	kaufen
Kind	klein	kommen	kochen
laufen	Leute	los	

Förderschwerpunkte:

- automatisiertes direktes Erkennen des Wortbildes von häufig vorkommenden Wörtern
- Schreiben der Wörter

Instruktion:

0. Hole dir die Serie 1 der Wortkarten (rot).
1. Mische alle Wortkarten einer Farbeserie und leg sie auf einen Stapel.
2. Nimm die erste Karte auf und lies das Wort. Leg die Karte verdeckt vor dich hin.
3. Nimm die Blanko-Liste und schreib das Wort auswendig in die erste Schreibzeile.
4. Deck die Karte wieder auf. Hast du das Wort richtig geschrieben? Sonst verbessere es.
5. Nun deck die nächste Karte auf, lies sie und leg sie wieder verdeckt vor dir ab.
6. Schreib dieses Wort in die zweite Zeile deiner Liste, vergleiche es mit dem gedruckten Wort usw.
7. Arbeite mit der nächsten Serie weiter.
8. Am Ende hast du eine Liste mit 100 Wörtern. Diese sind Wörter, die sehr häufig verwendet werden. Deshalb ist es wichtig, dass du sie schnell lesen und richtig schreiben kannst.
9. Dreh den Papierstreifen zu einer Rolle und bewahre die Liste auf. Die 100-Wörter-Rolle kannst du dir immer einmal wieder durchlesen, bis es dir ganz leicht fällt, alle Wörter flüssig zu lesen.

Selbstkontrolle:

Vergleiche mithilfe der Wortkarten.

Schiffe versenken

Leitkarte E 1.4

orthographische Stufe

Material:

- 23 Wörterstreifen mit häufigen Wörtern
- 2 Spielpläne
- 2 Abdeckungen (z. B. aufgestellte Bücher)

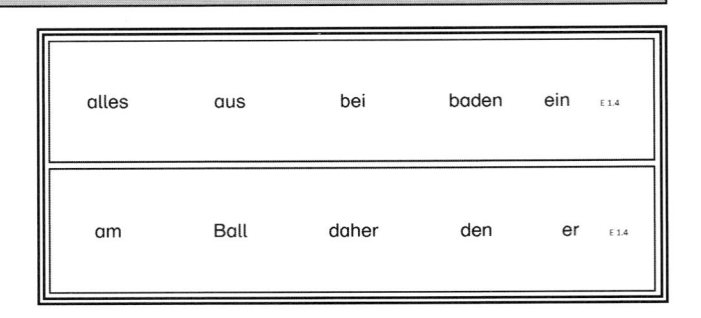

alles	aus	bei	baden	ein

am	Ball	daher	den	er

Förderschwerpunkte:

- automatisiertes direktes Erkennen des Wortbildes von häufigen Wörtern
- Schreiben von häufigen Wörtern

Instruktion:

1. Suche dir einen Partner oder eine Partnerin.
2. Nehmt beide einen Wörterstreifen und legt ihn für jeden sichtbar vor euch hin.
3. Jeder trägt drei aus diesem Streifen Wörter verdeckt senkrecht oder waagerecht in seinen Spielplan ein.
4. Jeder Buchstabe bekommt ein eigenes Kästchen. Einigt euch, ob ihr die Wörter auch rückwärts schreiben dürft.
5. Nun geht es darum, durch gezielte Fragen herauszufinden, wie die Wörter („Schiffe") auf dem Spielplan des Partners verteilt sind. Einer von euch beginnt und benennt eine Zelle im Spielplan (zum Beispiel A1 oder C6).
6. Wurde ein Buchstabe getroffen, nennt die dein Mitspieler den getroffenen Buchstaben.
7. Wurde ein Schiff getroffen, darf vom gleichen Spieler nach einer weiteren Zelle gefragt werden.
8. Befindet sich kein Buchstabe an gefragter Stelle, so kommt der andere Spieler an die Reihe.
9. Wenn du ein ganzes Wort des Spielpartners herausfindest, ist ein „Schiff" versenkt.

Kontrolle:

jeweils durch den Spielpartner.

Ordnung nach dem Alphabeth

Leitkarte E 1.5

logographemische Stufe

Material:

- 115 Wortkarten
- Großbuchstaben von A–Z aus beliebigem Material*
- Teppich

Förderschwerpunkte:

- automatisiertes direktes Erkennen des Wortbildes von häufigen Wörtern
- Schreiben von Häufigkeitswörtern

alles	aus	bei	baden	ein
am	Ball	daher	den	er
Auto	Baum	da	der	Eimer
an	Bett	dann	die	es

Instruktion:

1. Leg die Buchstaben alphabetisch geordnet aus.
2. Bilde einen Stapel aus den Wortkarten einer Farbserie.
3. Nimm die oberste Karte auf und lies das Wort.
4. Mit welchem Buchstaben beginnt es?
5. Leg die Karte unter den entsprechenden Buchstaben.
6. Wenn du mit der Serie fertig bist, benutze die Karten für ein Dosendiktat.

Kontrolle:

durch die Lehrerin oder den Lehrer.

---

* Hierzu können Buchstaben aus einem beliebigen Material (z. B. Holz oder Kunststoff) verwendet werden. Wer sie selbst herstellen möchten, kann die „Tastbuchstaben" aus dem Ordner „Buchstaben-Vorlagen" auf Karton ausdrucken und sorgfältig an den Konturen ausschneiden.

Kennst du die Antwort?

Leitkarte E 1.6

orthographische Stufe

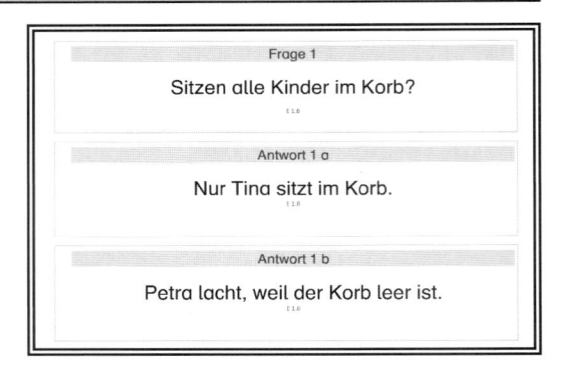

Material:

- 4 Bildkarten
- 4 x 4 Fragekarten
- 4 x 8 Antwortkarten

Förderschwerpunkte:

- automatisiertes direktes Erkennen des Wortbildes von häufigen Wörtern
- Verstehen und Erkennen dieser Wörter in einem Sinnbezug

> **Frage 1**
> Sitzen alle Kinder im Korb?
>
> **Antwort 1 a**
> Nur Tina sitzt im Korb.
>
> **Antwort 1 b**
> Petra lacht, weil der Korb leer ist.

Instruktion:

1. Hol dir die erste Serie.
2. Leg die Bild- und Fragekarten aus.
3. Lies Frage 1 und die beiden Antwortmöglichkeiten.
4. Welche Antwort passt? Leg sie dazu.
5. Bearbeite die drei weiteren Fragen auf die gleiche Weise.
6. Nun hol dir die nächste Serie.

Selbstkontrolle:

Die jeweils richtige Antwort ist auf der Rückseite markiert.

Buchstabenverbindungen I

Leitkarte E 2.1

orthographische Stufe

Material:

- Dosen mit Gegenständen
- Namenskarten (bzw. Papierstreifen mit Namen)
- Bleistift und roter Buntstift
- Kasten mit Buchstaben (blau)
- Kasten mit Buchstabenverbindungen (rot)

Schaf	Schere	Schiff	Schaukel
Schmetterling	Schwein	Schule	Schachtel
Flasche	Tasche	Tusche	Dusche
Kirsche	Masche	Lasche	Wäsche

Förderschwerpunkte:

- automatisiertes direktes Erkennen des Schriftbildes schwieriger Buchstabenverbindungen

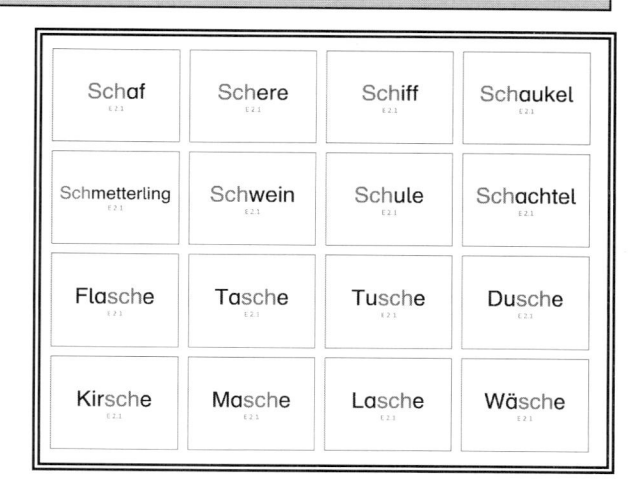

Instruktion:

1. Nimm dir die erste Dose und gegebenenfalls die Namenskarten vor.
2. Liegen keine Namenskarten vor, schreibt dir deine Lehrerin oder dein Lehrer auf Papierstreifen auf, welche Gegenstände sich in der Dose befinden.
   Die schwierigen Buchstabenverbindungen werden dabei mit dem roten Stift geschrieben.
3. Ordne nun Namenskarten und Gegenstände einander zu.
4. Lege mit den blauen und roten Buchstabenkärtchen jeweils noch einmal einige der Namen daneben. Lege die schwierigen Buchstabenverbindungen mit den roten Kärtchen dazu.

Kontrolle:

durch deine Lehrerin/ deinen Lehrer.

Buchstabenverbindungen II

Leitkarte E 2.2

orthographische Stufe

Material:

- 52 Bildkarten
- 52 Namenskarten
- Bleistift und roter Buntstift
- Kasten mit Buchstaben (blau)
- Kasten mit Buchstabenverbindungen (rot)

Förderschwerpunkte:

- automatisiertes direktes Erkennen des Schriftbildes schwieriger Buchstabenverbindungen

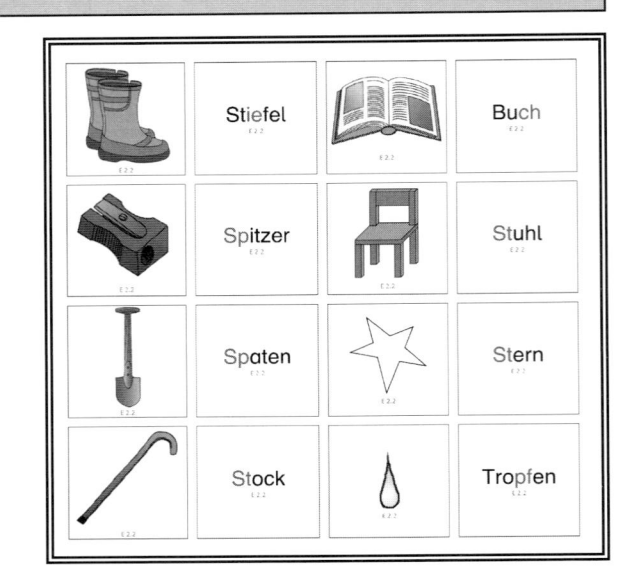

Instruktion:

1. Hol dir die erste Serie mit Bild- und Namenskarten und die beiden Kästen mit Buchstaben und Buchstabenverbindungen.
2. Nimm dir eine Bildkarte vor.
3. Lege den Namen des Gegenstandes mit den roten und blauen Kärtchen daneben. Verwende für die schwierige Buchstabenverbindung ein rotes Kärtchen.
4. Suche nun die passende Namenskarte heraus und lege sie neben beides. Hast du den Namen richtig „geschrieben"?
5. Zum Schluss schreibe den Namen als Dosendiktat auf.
6. Nun nimm dir die nächste Bildkarte vor und so weiter.

Kontrolle:

durch deine Lehrerin/deinen Lehrer.

Buchstabenverbindungen III

Leitkarte E 2.3

orthographische Stufe

Material:

- 11 Heftchen mit Wörtern, die eine schwierige Buchstabenverbindung aufweisen
- Bleistift und roter Buntstift
- Schreibheft
- Kasten mit blauen Druckbuchstaben
- Kasten mit roten Druckbuchstaben
  (siehe ME 2.0)

Wörter mit ck	Besteck	Augenblick	Blick
Block	Rücksicht	Schnecke	Socken

Förderschwerpunkte:

- automatisiertes direktes Erkennen des Schriftbildes schwieriger Buchstabenverbindungen

Instruktion:

1. Hole dir das erste Heftchen.
2. Lies Seite für Seite.
3. Schreibe die Wörter in dein eigenes Heft ab. Schreibe die schwierigen Buchstaben dabei mit dem roten Stift und die anderen mit dem Bleistift.
4. Lege mit den roten und blauen Druckbuchstaben jeweils noch einmal den Namen daneben. Lege die auf dem Papierstreifen bereits rot hervorge·hobenen Wortteile mit den roten Buchstaben, die restlichen mit den blauen.

Kontrolle:

durch deine Lehrerin oder deinen Lehrer.

Buchstabenverbindungen IV

Leitkarte E 2.4

orthographische Stufe

Material:

- je 2 Tabellen zu 13 schwierigen Buchstabenverbindungen
- Bleistift und roter Buntstift

sch	
Dusche	Fisch
Fleisch	Fleischer
Forscher	Schach
Schanze	Schaufel
Schirm	Schafe

Förderschwerpunkte:

- automatisiertes direktes Erkennen des Schriftbildes schwieriger Buchstabenverbindungen

Instruktion:

1. Nimm dir eine Tabelle vor.
2. Lies Spalte für Spalte.
3. Schreibe die gelesenen Wörter auswendig auf.
4. Schreibe dabei die schwierigen Buchstabenverbindungen mit Rot.

Selbstkontrolle:

Vergleiche deine geschriebenen Wörter Buchstabe für Buchstabe mit den Wörtern auf den Karten.

Kennst du dich aus?

Leitkarte E 2.5

orthographische Stufe

Material:

- 3 x 10 Dominosteine
  (jeweils mit einem Begriff und einer Erklärung)

Er schlachtet Tiere und verkauft Wurst und Fleisch.	Forscher
Er sucht nach ausgestorbenen Tieren	lauschen
ganz genau hinhören	Stapel

Förderschwerpunkte:

- automatisiertes direktes Erkennen des Schriftbildes schwieriger Buchstabenverbindungen
- Erfassen der Wortbedeutungen verschiedener Wörter

Instruktion:

1. Hole dir die ersten zehn Dominosteine.
2. Lege einen Stein deiner Wahl aus und lies den Begriff auf der rechten Seite.
3. Findest du auf den anderen Dominosteinen eine passende Erläuterung zu diesem Begriff?
4. Lege den Dominostein mit der passenden Erläuterung daneben.
5. Lies nun den nächsten Begriff am Ende der Dominoschlange usw.

Selbstkontrolle:

Die Dominosteine bilden eine Schlange, der erste und der letzte Dominostein passen auch zusammen.

Signalgruppen finden

Leitkarte E 3.1

morphematische Stufe

Material:

- 8 x 6 Bildkarten
- 8 x 6 Signalgruppen-Karten
- Filmdöschen o. Ä.

Förderschwerpunkte:

- selbstständiges Finden von Wörtern mit Signalgruppen

Instruktion:

1. Hol dir ein Döschen.
2. Lege alle Signalgruppen-Karten nebeneinander auf dem Teppich aus.
3. Nimm dir nun die Bilder vor.
4. Sprich die Namen der Bilder langsam und deutlich aus.
5. Kannst du bei allen die jeweilige Signalgruppe heraushören?
6. Ordne die Bildkarten entsprechend zu.

Selbstkontrolle:

Auf den Rückseiten der Bildkarten steht jeweils die richtige Signalgruppe.

Mit Bildern Wörter bauen

Leitkarte E 3.2

morphematische Stufe

Material:

- 8 x 6 Bildkarten
- 8 x 6 Signalgruppen-Karten
- 8 x 6 Wörter aufgeteilt in Kärtchen mit Buchstaben, Buchstabenverbindungen und Signalgruppen
- 8 Filmdöschen o. Ä.
- Arbeitsheft

Förderschwerpunkte:

- selbstständiges Finden von Wörtern mit Signalgruppen
- selbstständiges Bauen von Wörtern mit Signalgruppen
- selbstständiges Schreiben von Wörtern mit Signalgruppen

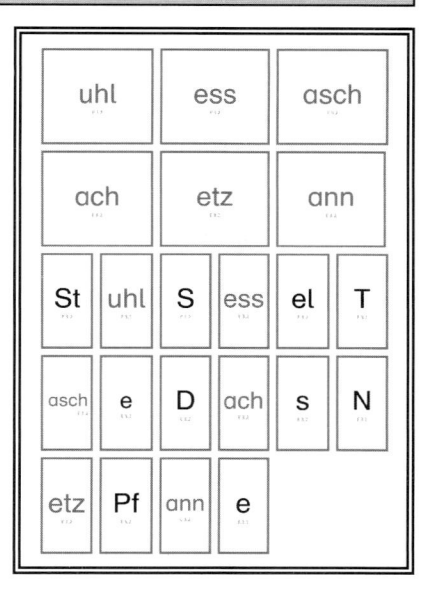

Instruktion:

1. Nimm dir eines der Döschen.
2. Lege alle (großen) Signalgruppen-Karten nebeneinander auf dem Teppich aus.
3. Lege nun die Bildkarten offen vor dir aus.
4. Was ist abgebildet? Sprich jedes Wort langsam und deutlich aus.
5. Kannst du jeweils die Signalgruppe heraushören? Ordne die Bildkarten richtig zu und lege sie darunter ab.
6. Lege nun unter die Bilder jeweils das zugehörige Wort. Benutze dafür die kleinen Kärtchen.
7. Schreib die sechs Wörter an deinem Arbeitsplatz auswendig in dein Heft.

Selbstkontrolle:

Auf den Rückseiten der Bildkarten steht jeweils die richtige Signalgruppe.

Auf den Rückseiten der Kärtchen mit Buchstaben, Buchstabenverbindungen und Signalgruppen steht jeweils das vollständige Wort.

Signalgruppen erkennen

Leitkarte E 3.3

morphematische Stufe

Material:

- 10 x 5 Signalgruppen mit je 4 Wörtern
- 10 Kontrollkarten
- 10 Filmdöschen o. Ä.
- Bleistift und roter Stift

ung	Junge	Schwung	gesungen	Zunge
upf	rupfen	Schnupfen	tupfen	zupfen
upp	Gruppe	Puppe	Suppe	Kuppe
utter	Butter	Futter	Mutter	Kutter
eiß	weiß	reißen	schweißen	Fleiß

Förderschwerpunkte:

- schnelles Wiedererkennen der wichtigsten Signalgruppen

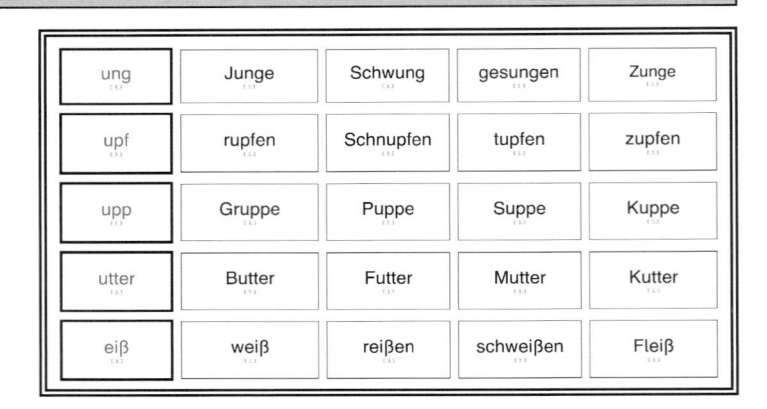

Instruktion:

1. Hol dir eines der Döschen.
2. Lege die 5 Signalgruppen untereinander aus.
3. Mische die 20 Wörterkärtchen und lege sie dann auf einen Stapel.
4. Nimm das erste Kärtchen auf und lies das Wort.
5. Welche Signalgruppe kommt darin vor? Ordne das Wort richtig zu.
6. Nun nimm das nächste Kärtchen auf usw.
7. Schreib die Wörter als Dosen- oder Laufdiktat auf und markiere die Signalgruppe dabei jeweils mit Rot.

Selbstkontrolle:

Vergleiche deine Lösungen mit den Kontrollkarten.

Signalgruppen schreiben

Leitkarte E 3.4

morphematische Stufe

Material:

- 10 x 5 Wörterstreifen
- 10 Kontrollkarten
- 10 Filmdöschen o. Ä.
- wasserlöslicher roter Folienschreiber

	stramm	Strauch	Straße	Strom
	Dach	flach	wach	Krach
	Dackel	Fackel	packen	Sack
	Waffe	schaffen	gaffen	Giraffe
	Ball	Halle	fallen	krallen

Förderschwerpunkte:

- schnelles Wiedererkennen der wichtigsten Signalgruppen

Instruktion:

1. Nimm dir eines der Filmdöschen mit fünf Wörterstreifen.
2. Schau dir die vier Wörter eines Streifens an.
3. Erkennst du in den Wörtern eine gemeinsame Signalgruppe?
4. Unterstreiche diese in jedem Wort mit einem roten Folienschreiber.
5. Trage sie dann in das leere Feld ein.
6. Arbeite mit den anderen Streifen ebenso.

Selbstkontrolle:

Vergleiche deine Lösungen mit den Kontrollkarten.

Mit Signalgruppen Wörter bauen

Leitkarte E 3.5

morphematische Stufe

Material:

- 50 Signalgruppen
- Buchstaben und Buchstabenverbindungen für 50 x 4 Wörter
- 50 Kontrollstreifen
- 50 Filmdöschen o. Ä.

Förderschwerpunkte:

- synthetisierendes Erlesen der wichtigsten Signalgruppen

Instruktion:

1. Hol dir ein Döschen.
2. Baue jeweils aus der Signalgruppe (rot) und den beigelegten Buchstaben und Buchstabenverbindungen vier sinnvolle Wörter.
3. Schreibe die Wörter in dein Heft. Markiere die Signalgruppe jeweils mit Rot.

Selbstkontrolle:

mit den Kontrollstreifen.

114

Uwe Berlin: Bergedorfer Leseförderung
© Persen Verlag GmbH, Buxtehude

Reimwörter

Leitkarte E 3.6

morphematische Stufe

Material:

- 8 Serien mit 5 x 2 Reimwortpaaren
- 8 Kontrollkarten
- 8 Filmdöschen o. Ä.

Förderschwerpunkte:

- automatisiertes direktes Erkennen des Wortbildes der wichtigsten Signalgruppen

stammeln	sammeln	Kamm	Lamm
Dach	Krach	Rache	Sache
Dackel	Fackel	backen	hacken
Waffe	Affe	gaffen	schaffen
Qualle	Halle	fallen	Krallen

Instruktion:

1. Hol dir ein Döschen.
2. Lege alle Wörter aus und lies sie.
3. Welche Wörter reimen sich miteinander? Lege diese zwei immer nebeneinander.
4. Schreibe sie als Dosendiktat auswendig auf.

Selbstkontrolle:

Die Reimwörter haben auf der Rückseite jeweils das gleiche Symbol.

Eigene Wörter

morphematische Stufe

Leitkarte E 3.7

Material:

- 5 Schreibvorlagen
- Text (z. B. Bilderbuch oder Zeitschrift)
- wasserlöslicher Folienstift

-ach-	-ack-	-aff-	-all-	-amm-

Förderschwerpunkte:

- automatisiertes direktes Erkennen des Wortbildes der wichtigsten Signalgruppen
- Signalgruppenwörter überlegen und aufschreiben

Instruktion:

1. Hole dir einen Text und eine der Schreibvorlagen.
2. Auf der Schreibvorlage steht über jeder Spalte der Tabelle eine andere Signalgruppe.
3. Trage in jede Spalte Wörter ein, in denen die Signalgruppe vorkommt.
4. Der Text soll dir helfen, solche Wörter zu finden.

Kontrolle:

durch die Lehrerin oder den Lehrer.

Wo wohnen die Wörter?

Leitkarte E 4.1

morphematische Stufe

Material:

- 12 Häuser mit Hauptmorphem und 4 Freiplätzen
- 12 x 4 Wortkarten

Förderschwerpunkte:

- Umgang mit aus Teilmorphemen zusammengesetzten Wörtern
- Wörter in zusammengesetzten Wörtern wiederfinden
- Verbesserung des Lesetempos

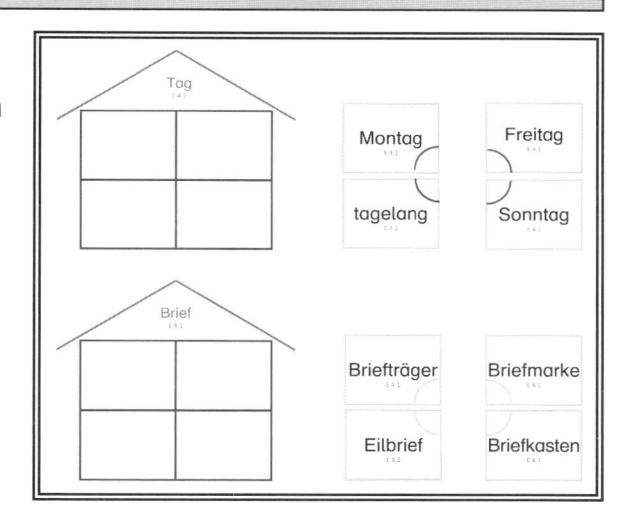

Instruktion:

1. Lege die Häuser auf dem Teppich aus.
2. Lege die Wortkarten auf einen Stapel.
3. In jedem Haus steht ein rotes Wort, der Wortstamm. Dieser Wortstamm muss in den anderen Wörtern, die in das Haus gelegt werden sollen, vorkommen.
4. Nimm die erste Wortkarte vom Stapel und lies das Wort.
5. In welches Haus gehört dieses Wort?

Selbstkontrolle:

Wenn du richtig gearbeitet hast, entsteht in jedem Haus der Kreis einer Farbe.

Wortmultiplikator

Leitkarte E 4.2

morphematische Stufe

Material:

- 11 Bildkarten mit Schreibfeld
- 2 Wortteilstreifen
- 2 Wortteilkarten

Förderschwerpunkte:

- aus Teilmorphemen zusammengesetzte Wörter bilden können
- Verbesserung des Lesetempos

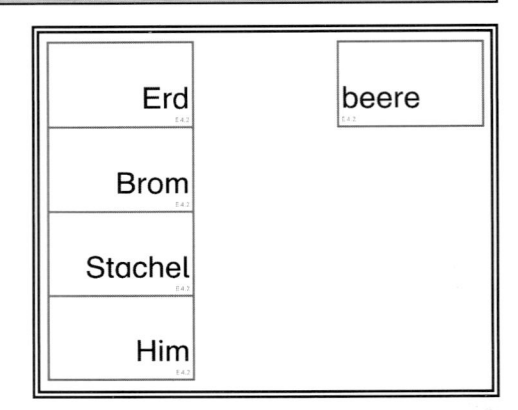

Instruktion:

1. Hole dir eine Bildwortkarte mit dem dazugehörigen Wortstreifen und der Wortkarte.
2. Lege die Wortkarte so an den Streifen, dass du ein neues Wort bauen kannst.
3. Schreibe dieses Wort zum passenden Bild.

Kontrolle:

durch deine Lehrerin oder deinen Lehrer.

Zusammengesetzte Namenwörter

Leitkarte E 4.3

morphematische Stufe

Material:

- 15 Bildkarten mit 2 Abbildungen
- 15 Wortteilkarten mit Wortanfängen
- 15 Wortteilkarten mit Wortenden

Förderschwerpunkte:

- zusammengesetzte Namenwörter bauen können
- Verbesserung des Lesetempos

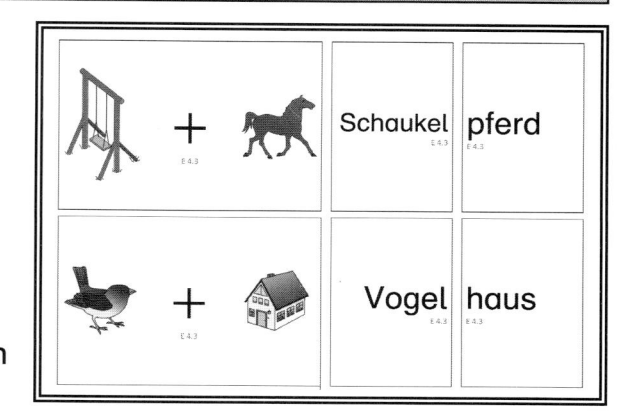

Instruktion:

1. Lege zuerst die Wortteilkarten, die mit einem Großbuchstaben beginnen, untereinander aus.
2. Lege rechts daneben die Karten, die mit einem Kleinbuchstaben beginnen.
3. Mische alle Bildkarten und lege sie auf einen Stapel.
4. Schau dir die beiden Abbildungen auf der ersten Bildkarte an.
5. Für welche Wörter stehen die beiden Bilder?
6. Zu welchem längeren Wort kann man die beiden Wörter zusammensetzen?
7. Suche die beiden Wortteilkarten mit diesen Wörtern (Wortanfang und -ende) heraus.
8. Lege das zusammengesetzte Wort nun neben die Bildkarte.
9. Schreibe zum Schluss die zusammengesetzten Namenwörter als Dosendiktat auswendig auf.

Selbstkontrolle:

Drei zusammengehörige Karten haben auf der Rückseite jeweils das gleiche Symbol.

Wortpyramiden

Leitkarte E 4.4

morphematische Stufe

Material:

- 10 Bildkarten
- 10 Wortpyramiden mit insgesamt 40 Pyramidenteilen
- 10 Filmdöschen o. Ä. für die Pyramidenteile

Hang
Vorhang
Bühnenvorhang
Puppenbühnenvorhang
Kasperpuppenbühnenvorhang

Förderschwerpunkte:

- zusammengesetzte Namenwörter bilden
- Verbesserung des Lesetempos

Instruktion:

1. Nimm dir ein Filmdöschen und lege die Bildkarten aus.
2. Lege das kürzeste Wort (nur rote Schrift) aus und lies es.
3. Lege das zweitkürzeste Wort (blaue und rote Schrift) darunter und lies es.
4. Arbeite immer so weiter.
5. Kannst du auch das ganz lange Wort lesen?
6. Welches Bild passt dazu? Lege es neben die Pyramide.

Selbstkontrolle:

Auf der Rückseite des jeweils letzten Wortes einer Wortpyramide befindet sich ein Kontrollbildchen.

Der Aufbau der einzelnen Kapitel: Kapitel F

F Förderung des Lesetempos und der Leseflüssigkeit

F 1 Verbesserung der Leseflüssigkeit
F 1.1 Mit häufigen Wörtern lesen 122
F 1.2 Wörterschlange 123
F 1.3 Treppenlesen 124
F.1.4 Lange Wörter 125

F 2 Schwierige lange Wörter
F 2.1 Was ist das? 126
F 2.2 Leseheft 127
F 2.3 Häschen in der Grube 128
F 2.4 Reime 1 129
F 2.5 Reime 2 130
F 2.6 Reime 3 131

F 3 Erhöhung des Lesetempos
F 3.1 Leselinien 132
F 3.2 Verschiedene Schriften 133

Mit häufigen Wörtern lesen

Leitkarte F 1.1

morphematische Stufe

Material:

- 7 Serien mit häufig vorkommenden Wörtern und passenden Sätzen
- 1 Folienstift

harmlos	Der Bär im Zirkus war nicht gefährlich, sondern ☐☐☐☐.
waschen	Am Morgen nach dem Aufstehen ☐☐☐☐☐ sich die Kinder zuerst.
lassen	Sollen alle Kinder ihren Schulranzen in der Schule ☐☐☐☐☐?

Förderschwerpunkte:

- schnelles automatisches Erkennen häufiger Ganzwörter
- Verbesserung des Lesetempos

Instruktion für die Einzelarbeit:

1. Hole dir eine Serie Sätze und Wortkarten.
2. Lege die Sätze auf einen Stapel, die Wortkarten lege aus.
3. Lies den ersten Satz.
4. Wenn du das passende Wort gefunden hast, schreibe es mit dem Folienstift in die Felder.

Selbstkontrolle:

Zu jedem Satz gehört ein passendes Wortkärtchen in der gleichen Farbe.

Wörterschlange

Leitkarte F 1.2

morphematische Stufe

Material:

- 1 Serie mit 3 Karten mit Häufigkeitswörtern,
- 2 Serien mit je 4 Karten mit Schlangensätzen
- 1 Filzstift
- 3 Serien mit Kontrollkarten

Förderschwerpunkte:

- schnelles automatisches Erkennen häufiger Ganzwörter
- Verbesserung des Lesetempos

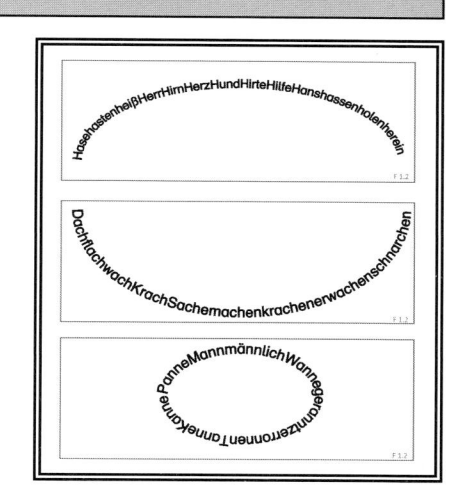

Instruktion für die Einzelarbeit:

1. Hole dir die erste Karte.
2. Lies das erste Wort.
3. Mache nach jedem Wort einen senkrechten Strich.
4. Wie viele Wörter hast du gefunden? Schreibe die Zahl auf die Karte.
5. Nimm dir eine neue Karte.
6. usw.

Selbstkontrolle:

Lege nach der letzten Karte die Kontrollkarten neben die Aufgabenkarten.

Uwe Berlin: Bergedorfer Leseförderung
© Persen Verlag GmbH, Buxtehude

Treppenlesen

Leitkarte F 1.3

morphematische Stufe

Material:

- 5 Serien mit je 7 Wörtern
- 35 Kontrollzahlen

Förderschwerpunkte:

- schnelles automatisches Erkennen häufiger Ganzwörter
- Verbesserung des Lesetempos

| Hof |
| Hoftür |
| Hoftürschlüssel |
| Hoftürschlüsselbund |
| Hoftürschlüsselbundhalter |
| Hoftürschlüsselbundhaltering |
| Hoftürschlüsselbundhalteringfarbe |

Instruktion für die Einzelarbeit:

1. Hole dir eine Serie mit Wörtern.
2. Lege die Wörter so untereinander, dass Sie eine Treppe (kurze Wörter oben, lange Wörter unten) bilden.
3. Lies die Wörter.
4. Hast du die Wörter richtig angeordnet? Drehe die Karten um.
5. usw.

Selbstkontrolle:

Auf der Rückseite der Karte findest du die richtige Reihenfolge der Wörter.

Lange Wörter

Leitkarte F 1.4

morphematische Stufe

Material:

- 4 Serien mit je 4 Viersilbern
- Kontrollkarten zu Viersilbern
- 4 Serien mit je 4 Fünfsilbern
- Kontrollkarten zu Fünfsilbern

Kä	se	ku	chen
Lö	wen	kä	fig
Ei	sen	sä	ge
Mo	tor	rad	helm

Förderschwerpunkte:

- Verbesserung des Lesetempos
- Wiederholung des Silbenlesens bei langen Wörtern

Instruktion für die Einzelarbeit:

1. Hole dir eine Serie Silbenkärtchen.
2. Lege alle rot geschriebenen Kärtchen untereinander aus.
3. Kannst du aus den Kärtchen nun 4 Wörter bauen?
4. Nehme dir eine neue Serie Silbenkärtchen mit gleicher Farbe.
5. usw.

Selbstkontrolle:

Auf der Rückseite der Silbenkärtchen stehen die richtigen Wörter.

Uwe Berlin: Bergedorfer Leseförderung
© Persen Verlag GmbH, Buxtehude

Was ist das?

Leitkarte F 2.1

morphematische Stufe

Material:

- 16 Aufgabenkarten
- 16 Antwortkärtchen
- 16 Kontrollkarten

Förderschwerpunkte:

- Verbesserung des Lesetempos und der Lesefähigkeit
- Verbesserung des sinnerfassenden Lesens

ein Haus zwei Häuser hundert Häuser eine Kirche ein Kaufladen ein Bäcker Bauernhöfe und Wiesen Das ist ein	zehn gelbe Spieler ein Torwart zehn rote Spieler ein Torwart ein Schiedsrichter ein Ball ein Spielfeld zwei Tore Das ist ein
ein Kind zehn Kinder hundert Kinder einige Lehrer einige Tafeln viel Kreide Das ist eine	viele Menschen Wasser eine Wiese die Sonne ein Sprungbrett eine Wasserrutsche ein Bademeister Das ist ein

Instruktion für die Einzelarbeit:

1. Hole dir die erste rote Aufgabenkarte.
2. Findest du ein passendes rotes Antwortkärtchen?
3. Ordne das passende Antwortkärtchen zu.
4. usw.

Selbstkontrolle:

Vergleiche deine Ergebnisse mit den türkisfarbenen Kontrollkarten.

Leseheft

Leitkarte F 2.2

morphematische Stufe

Material:

- 20 Hefte mit schwieriger werdenden Wörtern
- evtl. Kassettengerät

| Leseheft 2 | Bogen | Bote |
| Besen | Boden | Buch | Büro |

Förderschwerpunkte:

- Verbesserung des Lesetempos und der Lesefähigkeit
- Einige schwierige Ganzwörter lesen

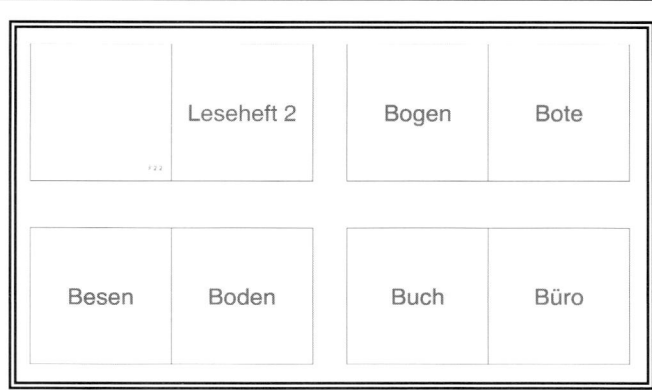

Instruktion für die Einzelarbeit:

1. Hole dir das erste Leseheftchen.
2. Kannst du alle Wörter zuerst still, dann laut und fehlerlos lesen?
3. Du kannst der Lesemutter/deinem Lehrer vorlesen oder auf ein Tonband sprechen.
4. usw.

Kontrolle:

Lies deiner Lehrerin das Leseheftchen vor.

Häschen in der Grube

Leitkarte F 2.3

morphematische Stufe

Material:

- 3 Texte mit jeweils drei Bildern für die Rückseite
- 5 Serien mit Zungenbrechern, Rückseite zur Fehlerkontrolle mit Bildern beklebt

Förderschwerpunkte:

- Verbesserung des Lesetempos und der Lesefähigkeit
- mit Sprache spielen

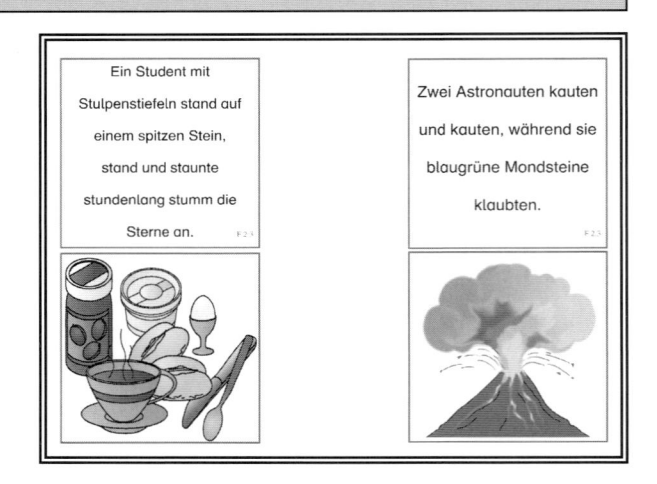

Instruktion für die Einzelarbeit:

1. Lege alle Puzzle-Teile eines Gedichtes oder einer Serie aus.
2. Lies die Teile und baue sie richtig zusammen.
3. usw.

4. Wenn du Lust hast, kannst du versuchen, einen Zungenbrecher auswendig zu lernen.

Selbstkontrolle:

Die Puzzle-Teile müssen zueinander passen. Auf der Rückseite entsteht ein Gesamtbild.

Reime 1

Leitkarte F 2.4

morphematische Stufe

Material:

- 10 Reimzeilen grün
- 10 Reimzeilen blau

Förderschwerpunkte:

- Verbesserung des Lesetempos und der Lesefähigkeit
- Reimwörter schnell erfassen und lesen können

Instruktion für die Einzelarbeit:

1. Lege alle grünen Kärtchen aus.
2. Lege alle blauen Kärtchen auf einen Stapel.
3. Lies das erste blaue Kärtchen.
4. Suche ein grünes Kärtchen, das sich reimt.
5. Lege die Kärtchen nebeneinander.

Selbstkontrolle:

Drehe die Karten um. Wenn du zwei gleiche Zahlen hast, wurde die Aufgabe richtig gelöst.

Der Nebel ist weiß.	Der Ofen ist heiß.
Die Blume blüht blau.	Der Lehrer ist schlau.
Der Bus fährt schnell.	Die Lampe ist hell.
Das Dach ist schief.	Der Brunnen ist tief.
Meine Hose ist weit.	Die Straße ist breit.
Das Reh ist scheu.	Unsere Möbel sind neu.
Der Bettler ist arm.	Die Stube ist warm.
Die Butter ist weich.	Meine Tante ist reich.
Die Wäsche ist rein.	Der Staub ist fein.
Hier läuft die Maus.	Unsere Reime sind aus.

Reime 2

Leitkarte F 2.5

morphematische Stufe

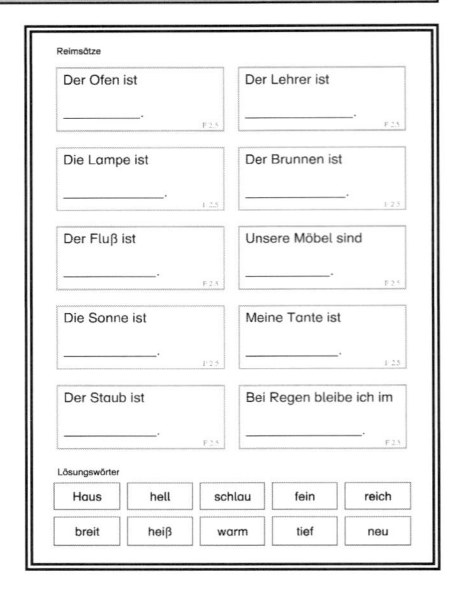

Material:

- 10 Vorgabesätze (blau)
- 10 Reimsätze (grün)
- 10 Wortkärtchen (rot)
- 10 Kontrollkarten (rot)

Förderschwerpunkte:

- Verbesserung des Lesetempos und der Lesefähigkeit
- Reimwörter schnell erfassen und lesen können

Instruktion für die Einzelarbeit:

1. Lege alle blauen Kärtchen aus.
2. Lege alle grünen Kärtchen auf einen Stapel.
3. Lege alle roten Wortkärtchen aus.
4. Lies den ersten blauen Satz.
5. Suche einen grünen Satz, der sich zusammen mit dem roten Wortkärtchen auf den blauen Satz reimt.
6. usw.

Selbstkontrolle:

Die Lösung findest du auf den beiliegenden roten Lösungskarten.

Reime 3

Leitkarte F 2.6

morphematische Stufe

Material:

- 9 unvollendete Reimkarten (blau)
- 9 Kontrollkarten (rot)
- 9 Wortkarten (grün)
- 1 wasserlöslicher Folienstift

Förderschwerpunkte:

- Verbesserung des Lesetempos und der Lesefähigkeit
- Reimwörter schnell erfassen und lesen können

> Schaufel ist Schaufel und nicht Sieb.
> Tina ist böse und nicht _____.
>
> Saft ist Saft und nicht Brei.
> Sieben ist sieben und nicht _____.
>
> Arm ist arm und nicht reich.
> Hart ist hart und nicht _____.

Instruktion für die Einzelarbeit:

1. Lege alle blauen Kärtchen aus.
2. Nimm eine Karte auf und lies den ersten Satz.
3. Vervollständige den Satz, er soll sich reimen. Schreibe mit einem Folienstift.
4. Wenn du die Lösung nicht alleine findest, kannst du die grünen Wortkarten benutzen.
5. usw.

Selbstkontrolle:

Die Lösung findest du auf den beiliegenden roten Kontrollkarten.

Uwe Berlin: Bergedorfer Leseförderung
© Persen Verlag GmbH, Buxtehude

Leselinien

Leitkarte F 3.1

morphematische Stufe

Material:

- 6 Sätze mit Leselinien (schwarz)
- 6 Sätze ohne Leselinien (blau)
- 1 wasserlöslicher Folienstift

Förderschwerpunkte:

- Verbesserung des Lesetempos und der Lesefähigkeit
- Auslassungen und Überlesungen vorbeugen

Instruktion für die Einzelarbeit:

1. Leg die schwarzen Kärtchen aus.
2. Bilde einen Stapel aus den blauen Kärtchen.
3. Lies den ersten Satz vom Stapel.
4. Ordne ihm nun den gleichen Satz mit den Leselinien zu. Führe gleichzeitig den Finger auf der Leselinie entlang.
5. Verbinde die Linien beim erneuten Lesen mit dem Folienstift.
6. Nimm einen neuen Satz vom Stapel.
7. usw.

Kontrolle:

durch die Lehrerin/den Lehrer.

Verschiedene Schriften

Leitkarte F 3.2

morphematische Stufe

Material:

- 3 Serien mit je 3 Sätzen in 4 verschiedenen Schriften
- 36 Kontrollzahlen

Förderschwerpunkte:

- Verbesserung des Lesetempos und der Lesefähigkeit
- Verbesserung der Identifikation der Wörter in verschiedenen Schriftarten

Instruktion für die Einzelarbeit:

1. Nimm dir alle Kärtchen einer Farbe.
2. Lege die Kärtchen gleicher Farbe aus.
3. Lies den ersten Satz einer Karte.
4. Suche nun die drei gleichen Sätze in einer anderen Schrift
5. Ordne die Sätze unter den ersten Satz.
6. Arbeite mit den anderen Karten und Stapeln ebenso.

Selbstkontrolle:

Es darf kein Satz übrigbleiben. Auf der Rückseite der zusammengehörigen Sätze befinden sich immer die gleichen Zahlen.

Der Aufbau der einzelnen Kapitel: Kapitel G

G Förderung des Leseverständnisses

G 1 Vergrößerung der Blickspanne
- G 1.1 Rätsel-Puzzle 135
- G 1.2 Trapezlesen 136

G 2 Übungen zum Sinnschrittlesen
- G 2.1 Leporello-Lesen 137
- G 2.2 Die Lesemaschine 138
- G 2.3 Welcher Name passt? 139
- G 2.4 Unsere Planeten 140
- G 2.5 Wenn – dann 141

G 3 Übungen zur Bedeutungserfassung
- G 3.1 Das Ja-Nein-Spiel 142
- G 3.2 Rätsel 143
- G 3.3 Streichholz-Knobeleien 144
- G 3.4 Leseröllchen 145
- G 3.5 Tu-was-Karten 146
- G 3.6 Tina 147

G 4 Übungen zur Satzgestalt
- G 4.1 Spaßsätze 148
- G 4.2 Märchenszenen 149
- G 4.3 Kennst du die Märchen? 150
- G 4.4 Die Märchenecke 151
- G 4.5 Vögel und ihre Nester 152

Rätsel-Puzzle

Leitkarte G 1.1

Die wortübergreifende Strategie – die Stufe des sinnentnehmenden Lesens

Material:

- 6 Rätsel in Versform
- Rätselheft

Förderschwerpunkte:

- Vergrößerung der Blickspanne im Hinblick auf das Sinnschrittlesen
- Erfassung der Bedeutung der Satzteile im Hinblick auf den Gesamtsatz

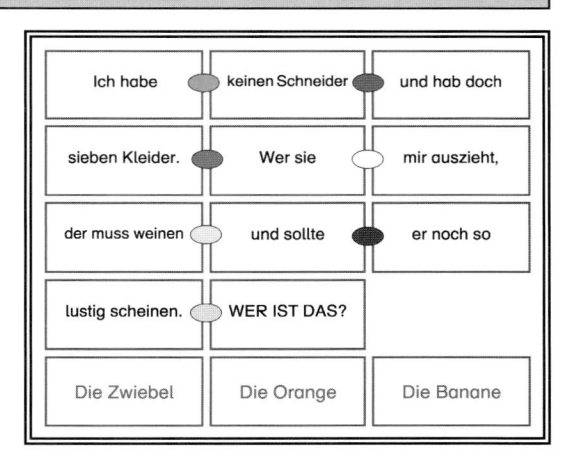

Ich habe	keinen Schneider	und hab doch
sieben Kleider.	Wer sie	mir auszieht,
der muss weinen	und sollte	er noch so
lustig scheinen.	WER IST DAS?	
Die Zwiebel	Die Orange	Die Banane

Instruktion:

1. Hole dir die Kärtchen des ersten Rätsels.
   (Die Kärtchen der Rätsel haben jeweils die gleiche Farbe.)
2. Sortiere die drei Kärtchen mit der roten Schrift aus.
3. Lies die anderen Kärtchen des ersten Rätsels und versuche sie in der richtigen Reihenfolge auszulegen. Die farbigen Punkte können dir dabei helfen.
4. Kannst du aus den Kärtchen mit der roten Schrift die richtige Lösung heraussuchen?
5. Verfahre bei allen Rätseln so. Wenn du möchtest, kannst du die Rätsel mit Lösungen anschließend abschreiben und dir ein Rätselheft herstellen.

Selbstkontrolle:

Ob du alles richtig ausgelegt hast, siehst du anhand der Farbpunkte.
Auf der Rückseite der richtigen Lösung findest du einen roten Punkt.

Trapezlesen

Leitkarte G 1.2

Die wortübergreifende Strategie – die Stufe des sinnentnehmenden Lesens

Material:

- 5 geometrische Figuren mit Texten
  (Rätsel, Witze, Geschichten)
  in Textstreifen zerteilt

Förderschwerpunkte:

- Vergrößerung der Blickspanne
  im Hinblick auf das Sinnschrittlesen
- Erfassung der Bedeutung der Satzteile
  im Hinblick auf den Gesamtsatz

> „Warum können
> Fische eigentlich
> nicht sprechen, Mami?"
> „Komische Frage:
> Sprich du mal,
> wenn dein Kopf
> unter Wasser ist!"

Instruktion:

1. Lege die Streifen einer Farbe aus.
2. Lies, was auf den einzelnen Streifen steht.
3. Ordne die Streifen so an, dass die Sätze sinnvoll werden.
   So entsteht ein Rätsel, ein Witz oder eine Geschichte.
4. Gehe mit den Streifen der anderen Farben genauso vor.
5. Wenn du möchtest, kannst du dir die Rätsel, Witze und Geschichten aufschreiben.

Selbstkontrolle:

Wenn du alles richtig geordnet hast, entsteht jeweils eine geometrische Figur.

Leporello-Lesen

Leitkarte G 2.1

Die wortübergreifende Strategie – die Stufe des sinnentnehmenden Lesens

Material:

- Leporello mit Text (schwarz)
- 21 Kärtchen mit Textabschnitten (rot)
- Leseschieber

Dabei werden	die Körner
Das fertige Mehl	wird in Säcke gefüllt.

Förderschwerpunkte:

- Vergrößern der Blickspanne im Hinblick auf das Sinnschrittlesen
- Erfassen der Sinnschritte mit dem Leseschieber

Instruktion:

1. Schiebe das Leporello von rechts nach links in den Leseschieber.
2. Lies nur das, was gerade im Textfenster zu sehen ist.
3. Wenn du den ganzen Text gelesen hast, kannst du die 21 Textabschnitte richtig ordnen.

Selbstkontrolle:

Vergleiche mit dem Text auf dem Leporello.

Die Lesemaschine

Leitkarte G 2.2

Die wortübergreifende Strategie – die Stufe des sinnentnehmenden Lesens

Material:

- 2 Serien 3-teilige Sätze in Satzteilstreifen
- 2 Serien 4-teilige Sätze in Satzteilstreifen
- 1 Lesemaschine

1	2	3
Der Hund		bellen.
Der Löwe	kann	brüllen.
Der Vogel		fliegen.
Das Pferd	kann nicht	wiehern.
Der Affe		klettern.

Förderschwerpunkte:

- Vergrößern der Blickspanne im Hinblick auf das Sinnschrittlesen
- Erfassen der Sinnschritte

Instruktion:

1. Hole dir die gleichfarbigen Satzteilstreifen einer Serie für die Lesemaschine.
2. Schiebe die Streifen entsprechend ihrer Nummerierung in die Lesemaschine.
3. Welche Sätze findest du?
4. Schreibe die Sätze auf. Es können auch „lustige" Sätze sein.

Selbstkontrolle:

durch deine Lehrerin.

Welcher Name passt?

Leitkarte G 2.3

Die wortübergreifende Strategie – die Stufe des sinnentnehmenden Lesens

Material:

- 15 Namenskärtchen
- 2 Legetafeln
- 2 Kontrollkarten (Lösungstafeln)

	kommt von einer Blume – der Rose.
	ist eine Figur aus der Bibel.
	ist die vom Berg Olymp Stammende.

Förderschwerpunkte:

- Nutzen von Herleitungen und Bedeutungen zur Sinnerfassung
- Sinnerfassung

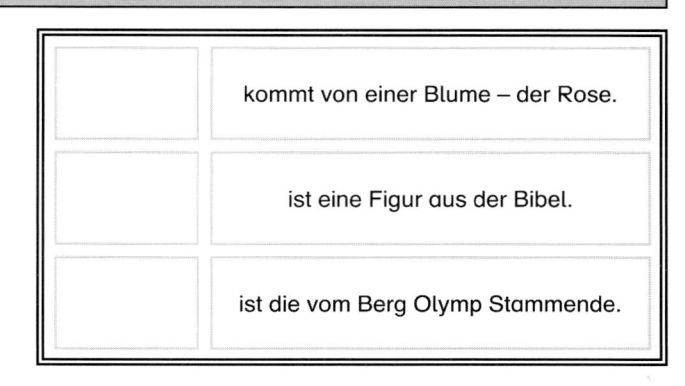

Instruktion:

1. Lege die Namenskärtchen aus.
2. Hole dir beide Legetafeln.
3. Nimm eine der Tafeln und lies den ersten Satz.
   Überlege, welcher Name hier eingesetzt werden kann.
4. Lege das entsprechende Kärtchen in das leere Feld.
5. Ordne auf diese Weise alle 15 Namenskärtchen nach und nach den Sätzen zu.

Selbstkontrolle:

Vergleiche mit den Kontrollkarten.

Unsere Planeten   Leitkarte G 2.4

Die wortübergreifende Strategie – die Stufe des sinnentnehmenden Lesens

Material:

- 9 Wortkärtchen
  (ergeben zusammen einen Merksatz)
- 9 Planetenkärtchen
- 1 Kontrollkarte

Förderschwerpunkte:

- Verwenden von Sachzusammenhängen zur Sinnerfassung

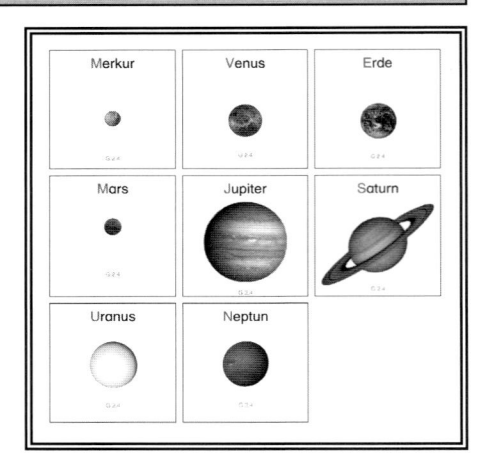

Instruktion:

1. Lege die Wortkärtchen aus.
2. Hole die Kontrollkarte und schaue dir die Reihenfolge der Planeten genau an.
   (Du kannst dir auch mithilfe von Atlanten oder Lexika einen Überblick über unser Planetensystem verschaffen.)
3. Vergleiche die ersten Buchstaben der Planetennamen mit den ersten Buchstaben der Wörter.
4. Weißt du nun, wie der Merksatz lauten muss?
5. Lege die Kontrollkarte weg und lege jetzt mithilfe des Merksatzes die Planetenkärtchen in der richtigen Reihenfolge aus.

Selbstkontrolle:

durch Lehrer/-in.

Wenn – dann

Leitkarte G 2.5

Die wortübergreifende Strategie – die Stufe des sinnentnehmenden Lesens

Material:

- 10 Wenn-dann-Sätze (grüne Karten)
- 10 Lösungswörter (rote Kärtchen)

> Wenn ein Tor fällt,
> wenn ich renne,
> wenn der Torwart den Ball hält,
> wenn es Elfmeter gibt,
> dann bin ich beim ....

Förderschwerpunkte:

- Nutzen von Satzgefügen zur Sinnerfassung
- Erfassen der Sinnschritte

Instruktion:

1. Lege die roten Kärtchen mit den Lösungswörtern aus.
2. Lege die grünen Karten mit den Wenn-dann-Sätzen auf einen Stapel.
3. Lies die erste grüne Karte.
4. Welches Lösungswort passt?
5. Lege es neben den Satz.
6. Wenn du möchtest, kannst du die Wenn-dann-Sätze als Laufdiktat in dein Heft schreiben.
7. Male dann noch ein Bild dazu.

Selbstkontrolle:

Auf den Rückseiten der grünen Karten findest du jeweils die richtige Antwort.

Das Ja-Nein-Spiel

Leitkarte G 3.1

Die wortübergreifende Strategie – die Stufe des sinnentnehmenden Lesens

Material:

- 2 Serien mit je 10 Fragekarten und 2 Lösungstafeln
- 1 Legetafel

Förderschwerpunkte:

- Erfassen der Sinnschritte
- Achten auf den Sinn des Gelesenen

> Kreist der Mond um die Erde?
>
> Hat der Fuchs einen Bau?
>
> Kreist die Erde um die Sonne?
>
> Ist der Hai ein Fisch?
>
> Ist die Ziege ein Haustier?

Instruktion:

1. Mische alle Fragekarten einer Serie und lege sie auf einen Stapel.
2. Lies die erste Fragekarte. Wie lautet die Antwort?
3. Lege die Fragekarte richtig auf der Legetafel ab.
4. Verfahre mit den anderen Karten ebenso.

Selbstkontrolle:

Vergleiche mit den Lösungstafeln.

Rätsel

Leitkarte G 3.2

Die wortübergreifende Strategie – die Stufe des sinnentnehmenden Lesens

Material:

- 8 Rätselkarten
- 8 Lösungsbild-Karten
- 8 Lösungswort-Karten
- 8 Kontrollkärtchen
  (für die Rückseite der Rätselkarten)

Förderschwerpunkte:

- Erfassen der Sinnschritte
- Achten auf den Sinn des Gelesenen

Instruktion:

1. Lege die schwarzen Rätselkarten auf einen Stapel.
2. Lege die blauen Lösungswörter aus.
3. Lege die roten Lösungsbilder aus.
4. Lies die erste Rätselkarte.
5. Ordne das richtige Bild und das richtige Wort der Rätselkarte zu.
6. Verfahre mit den anderen Karten ebenso.
7. Wenn du möchtest, kannst du dir ein Rätselheft anlegen.

Selbstkontrolle:

Auf den Rückseiten der Rätselkarten findest du die richtigen Lösungen.

Streichholz-Knobeleien

Leitkarte G 3.3

Die wortübergreifende Strategie – die Stufe des sinnentnehmenden Lesens

Material:

- 10 Karten mit Knobelaufgaben
- 10 Lösungskarten
- 1 Schachtel Streichhölzer

Förderschwerpunkte:

- Erfassen der Sinnschritte
- Erfahren der Bedeutung des Gelesenen

Knobelaufgabe 1
Du darfst höchstens 3 Hölzer umlegen, dann soll die Pyramide auf dem Kopf stehen. Die Spitze soll nach unten zeigen.

Instruktion:

1. Lege die Karten mit den Knobelaufgaben auf einen Stapel.
2. Lies die erste Aufgabe.
3. Versuche sie zu lösen.
4. Arbeite mit den anderen Karten ebenso.

Selbstkontrolle:

Auf den Rückseiten der Karten findest du jeweils eine mögliche Lösung.

Leseröllchen
Leitkarte G 3.4

Die wortübergreifende Strategie – die Stufe des sinnentnehmenden Lesens

Material:

- 25 Leseröllchen
  (mit Sätzen, die zu einer Handlung auffordern)

> Steige auf einen Stuhl und zähle deine Mitschüler.
>
> Gehe an die Tafel und male einen Kirschbaum. Unter dem Kirschbaum steht eine Bank.
>
> Gehe auf den Pausenhof und suche einen rauen, spitzen Stein.

Förderschwerpunkte:

- Erfassen der Sinnschritte
- Achten auf den Sinn des Gelesenen
- Erfassen der Bedeutung des Gelesenen und Umsetzen in entsprechende Handlungsschritte

Instruktion:

1. Nimm dir ein Leseröllchen.
2. Tu das, was du gelesen hast.
3. Bearbeite mindestens vier weitere Leseröllchen.

Kontrolle:

durch deine Lehrerin.

Tu-was-Karten

Leitkarte G 3.5

Die wortübergreifende Strategie – die Stufe des sinnentnehmenden Lesens

Material:

- Tu-was-Karten
  (mit Arbeitsschritten und Materialbedarf)
- entsprechende Bastelmaterialien

(Die Angaben beziehen sich jeweils auf eine Serie Tu-was-Karten.)

Förderschwerpunkte:

- Erfassen der Sinnschritte
- Achten auf den Sinn des Gelesenen
- Erfassen der Bedeutung des Gelesenen und Umsetzen in entsprechende Handlungsschritte

Instruktion:

1. Nimm dir alle Tu-was-Karten einer Farbe.
2. Suche dir zunächst die Karte mit der Materialliste heraus und hole dir die entsprechenden Bastelmaterialien.
3. Lege die restlichen Tu-was-Karten mit den Arbeitsschritten in der richtigen Reihenfolge aus.
4. Lies den ersten Arbeitsauftrag und erledige ihn.
5. Bearbeite nun die restlichen Arbeitsschritte.

Selbstkontrolle:

Die Arbeitsergebnisse bzw. das Bastelprodukt zeigen den Leseerfolg an.

Tina
Leitkarte G 3.6

Die wortübergreifende Strategie – die Stufe des sinnentnehmenden Lesens

Material:

- 5 Lückentexte mit Bild
- 29 Kärtchen mit den fehlenden Wortteilen

Förderschwerpunkte:

- Erfassen der Sinnschritte
- Achten auf den Sinn des Gelesenen
- Erfassen der Bedeutung des Gelesenen und Umsetzen in entsprechende Handlungsschritte

---

Tina in der Burg

Heute macht Tina einen Ausflug zu der alten B_____.

Die B_____ ist noch sehr gut erhalten.

Tina steigt als erstes auf den hohen T_____.

Von dort oben sieht sie die B_____, die um die ganze Burg herumführt.

Vor der Burg steht eine alte Kanone.

Ein R_____ reitet in voller R_____ gerade auf das B_____ zu.

Instruktion:

1. Nimm dir einen Lückentext.
2. Schau dir das Bild darunter gut an.
3. Was tut Tina genau? Lies dazu den Text.
4. Kannst du den Text lesen, obwohl manche Wörter fehlen?
5. Lege die Kärtchen mit den fehlenden Wortteilen an den richtigen Platz.
6. Arbeite mit den anderen Lückentexten ebenso.

Selbstkontrolle:

Wenn du die Kärtchen richtig gelegt hast, bleibt kein Kärtchen übrig.

Spaßsätze   Leitkarte G 4.1

Die wortübergreifende Strategie – die Stufe des sinnentnehmenden Lesens

Material:

- 9 Karten mit Subjekten
- 9 Karten mit Prädikaten
- je Karten mit 9 adverbialen Bestimmungen der Zeit, der Art und Weise und des Ortes
- 1 Legetafel

Opa	spazierte	am Morgen	lachend	in den Wald.
Oma	stolzierte	immer	schwitzend	ins Bett.
Tina	hüpfte	gestern	quakend	in die Schule.
Toni	wackelte	vor drei Tagen	pfeifend	in den Keller.

Förderschwerpunkte:

- Erfassen der Sinnschritte
- Erfassen der Bedeutung des Gelesenen
- Freude im Umgang mit der Sprache entwickeln

Instruktion:

1. Lege die Legetafel aus.
2. Ordne die Karten nach Farben.
3. Lege einen Satz. Nimm dazu von jedem Stapel die oberste Karte und lege sie unter das passende Fragewort.
4. Lies deinen Satz.
5. Entferne die Karten von der Legetafel und lege mit neuen Karten den nächsten Satz usw.
6. Schreibe drei Sätze in dein Heft, die dir besonders gut gefallen!

Kontrolle:

durch deine Lehrer/-in.

Märchenszenen

Leitkarte G 4.2

Die wortübergreifende Strategie – die Stufe des sinnentnehmenden Lesens

Material:

- 5 Märchenszenen in Lesereihen
- 5 Märchenbilder
- 5 Kontrollkärtchen
- 1 leeres Din A 4 Blatt
- 5 vollständige Märchen zum Nachlesen (aus MG 4.3 bzw. MG 4.4 entnehmen)

Plötzlich
Plötzlich kam
Plötzlich kam der Wolf
Plötzlich kam der Wolf zur Tür herein.
Die Geißlein
Die Geißlein erschraken
Die Geißlein erschraken und wollten
Die Geißlein erschraken und wollten sich verstecken.
Das eine
Das eine sprang
Das eine sprang unter den Tisch.
Das zweite
Das zweite sprang
Das zweite sprang ins Bett.

Förderschwerpunkte:

- Erfassen der Sinnschritte
- Erfassen der Bedeutung des Gelesenen
- Freude im Umgang mit der Sprache entwickeln

Instruktion:

1. Lege die fünf Märchenbilder aus.
2. Hole dir die Lesereihen zur ersten Märchenszene.
3. Hole dir ein leeres Din A 4 Blatt.
4. Lege das Blatt so auf die Lesereihen, dass die erste Reihe sichtbar ist
5. Lies diese Reihe und verschiebe dann das Blatt so, dass du die nächste Reihe lesen kannst.
6. Lies nun alle Reihe nacheinander.
7. Suche nun das passende Märchenbild dazu
8. Wenn du willst, kannst du dir nun das ganze Märchen noch einmal durchlesen.

Selbstkontrolle:

Jeweils auf den Rückseiten der Blätter mit den Lesereihen befindet sich das richtige Märchenbild als Kontrollkärtchen.

Kennst du die Märchen?*

Leitkarte G 4.3

Die wortübergreifende Strategie – die Stufe des sinnentnehmenden Lesens

Material:

- Bildkarten
- Textkarten
- vollständiger Märchentext
- Vorlage für ein Märchenheft

Ein armer Holzhacker wollte, dass es seinem Sohn einmal besser ginge. Deshalb schickte er ihn auf Schulen in der großen Stadt.

Förderschwerpunkte:

- Erfassung der Sinnschritte

Instruktion:

1. Lies das Märchen oder lasse es dir vorlesen.
2. Mische die Bildkarten zum Märchen und lege sie dann in der richtigen Reihenfolge aus.
3. Mische die Textkarten und lege sie auf einen Stapel.
4. Lies die erste Textkarte und überlege, zu welchem Bild sie passt.
5. Arbeite mit den anderen Karten ebenso.
6. Vielleicht kannst du jetzt die Bilder in die richtige Reihenfolge bringen?
7. Wenn du möchtest, kannst du dir mit Hilfe der Vorlage ein Heft zum Märchen erstellen. Schreibe dazu die Texte von den Textkarten in der richtigen Reihenfolge unter die entsprechenden Bilder der doppelseitig bedruckten Blätter und nummeriere die Blätter durch. Hefte die Blätter am linken Rand zusammen. So hast du ein bilderreiches Märchenheft.

Selbstkontrolle:

Die Bild- und Textkarten sind auf den Rückseiten in der richtigen Reihenfolge durchnummeriert.

*Die Leitkarte bezieht sich jeweils auf eine Unterdatei zu einem Märchen.

Die Märchenecke

Leitkarte G 4.4

Die wortübergreifende Strategie – die Stufe des sinnentnehmenden Lesens

Material:

- 4 Serien mit je 3 vollständigen Märchentexten
- 1 Bild pro Märchen
- 3 passende Textausschnitte pro Märchen

Förderschwerpunkte:

- Erfassen der Sinnschritte

Instruktion:

1. Hole dir eine Serie mit den zugehörigen 3 vollständigen Märchen, 3 Bildern und 9 Textausschnitten.
2. Lege die Bilder untereinander aus.
3. Schaue dir die Bilder genau an.
   Kennst du die Märchen, aus denen sie stammen?
4. Nimm dir eine Textkarte und lies dir den Textausschnitt durch.
5. Weißt du, zu welchem Märchen diese Textkarte gehört?
6. Lege die Karte zum passenden Bild.
7. Arbeite mit den anderen Textkarten ebenso.
8. Wenn du die Märchen nicht kennst, kannst du versuchen, den vollständigen Märchentext zu lesen, anderenfalls liest dir und den anderen eure Lehrerin oder euer Lehrer die Märchen vielleicht noch einmal vor.

Selbstkontrolle:

Vergleiche die Rückseiten der Bild- und Textkarten.

Vögel und ihre Nester   Leitkarte G 4.5

Die wortübergreifende Strategie – die Stufe des sinnentnehmenden Lesens

Material:

- 3 große Bilder mit allen Vögeln und ihren Nestern (1-mal mit und 1-mal ohne leere Namensfelder sowie 1-mal mit eingetragenen Namen als Kontrollkarte)
- 9 Legekärtchen mit Vogelnamen für die Leerfelder
- 9 Vogelbilder mit Namen
- 9 Vogelbilder ohne Namen
- 9 Text- und 9 Bildkarten zu einzelnen Vögeln mit ihren Nestern
- Heftvorlage

Förderschwerpunkte:

- Erfassen der Sinnschritte

Instruktion:

1. Lege die Vogelbilder mit Namen aus.
2. Suche zu jedem dieser Vogelbilder jeweils das gleiche Vogelbild ohne Namen heraus und lege es daneben.
3. Ordne den Vogelbildern nun die Bilder mit den Nestern zu und lege sie passend daneben.
4. Welcher Text gehört zu welchem Nester? Ordne die Textkarten entsprechend zu.
5. Hole dir die das große Bild mit allen Vögeln, aber ohne Namensfelder und schau es dir gut an.
6. Dann nimm dir das entsprechende Bild mit den Leerfeldern und lege die kleinen blauen Karten mit den Vogelnamen in die passenden Felder.
7. Wenn du fertig bist, kannst du die Texte jeweils unter die passende Abbildung in dein Heft schreiben.

Selbstkontrolle:

Vergleiche mit der Kontrollkarte.

IX. Literatur

Blumenstock, H.: Handbuch der Leseübungen. Weinheim 1989.

Böhm, O., Müller, U.: Konzeption eines Rechtschreibunterrichts bei lernschwachen Schülern. Heidelberg 1991.

Brügelmann, H.: Kinder auf dem Weg zur Schrift. Bottighofen 1992.

Brügelmann, H.: Die Schrift erfinden. Lengwil 1998.

Dummer-Smoch, L.: Mit Phantasie und Fehlerpflaster. München 1994.

Dummer-Smoch, L.; Hackethal, R.: Handbuch zum Kieler Leseaufbau. Kiel 1994.

Dummer-Smoch, L.; Hackethal, R.: Laute – Silben – Wörter. Kiel 1996.

Findeisen, U.; Melenk, G.; Schillo, H.: Lesen lernen durch lauttreue Leseübungen. Bochum 1989.

Fiskus, Chr.; Kraft, G.: Morgen wird es wieder schön!. Donauwörth 1997.

Fiskus, Chr., Kraft, G.: Ich freu mich schon auf morgen!. Donauwörth 1996.

Forster, M.; Martschinke, S.: Leichter lesen und schreiben lernen mit der Hexe Sus. Donauwörth 2001.

Ganser B.: Lese – Rechtschreib – Schwierigkeiten - eine Störung im Lernprozess, in: Akademie für Lehrerfortbildung und Personalführung Dillingen: Lese-Rechtschreibschwierigkeiten. Donauwörth 2000.

Ganser, B. (Hrsg.): Damit hab ich es gelernt!. Donauwörth, 2001.

Grissemann, H.: Züricher Lesetest. Bern 2000.

Landerl, K.: SLRT: Salzburger Lese- und Rechtschreibtest. Bern 1997.

Mahlstedt, D.: Lernkiste Lesen und Schreiben. Weinheim 1996.

Martschinke, S., Kirschhock, E., Frank, A.: Der Rundgang durch Hörhausen. Donauwörth 2002.

May, P.: Diagnose orthographischer Kompetenz: Zur Erfassung der grundlegenden Rechtschreibstrategien mit der Hamburger Schreibprobe (HSP). Hamburg 1998.

Milz, I.: Sprechen, Lesen, Schreiben. Heidelberg 1997.

Montessori-Vereinigung e.V. Sitz Aachen: Montessori-Material Teil 2 (Handbuch für Lehrgangsteilnehmer). Zelhem 1986.

Müller, R.: Diagnostischer Lesetest zur Frühdiagnose von Lesestörungen (DLF 1-2). Göttingen 1984.

Müller, R.: Frühbehandlung der Leseschwäche. Weinheim 1984.

Wedel-Wolff, A.: Üben im Leseunterricht der Grundschule. Braunschweig 1997.

X. Quellen- und Abbildungsverzeichnis

Mundbilder aus Kapitel A: © Stefan Wöhrmann, www.gebaerdenschrift.de

Vögel- und Nestbilder aus Kapitel G 4.5: © Domino Verlag Günther Brinek GmbH

Sprachkompetenz gezielt fördern!

Klaus Kleinmann
Lese-Rechtschreib-Schwäche?

Buch, 160 Seiten, DIN A4
2. bis 4. Schuljahr
Best.-Nr. 3844

Das Basistraining – anschaulich und systematisch

Setzen Sie diese Übungseinheiten ein, wenn Sie lese- und rechtschreibschwache Schülerinnen und Schüler optimal fördern wollen. Bei den systematisch aufgebauten Übungseinheiten werden alle Sinne angesprochen. Schreiben steht im Zusammenhang mit intensiver sprachrhythmischer Arbeit, der Anwendung von Handzeichen, dem Bewusstmachen der Sprechmotorik und vielfältigen visuellen und taktilen Angeboten. Hervorragend einsetzbar ab Anfang des 2. Schuljahres und über die Grundschule hinaus.
LRS – so fördern Sie richtig!

Anna Hobusch, Nevin Lutz, Uwe Wiest
Sprachstandsüberprüfung und Förderdiagnostik für Ausländer- und Aussiedlerkinder (SFD)

Umfassendes Testpaket mit Heften, Folien, Bildkarten und CDs

Die gezielte Förderung von Ausländerkindern ist eine wichtige Voraussetzung für ihren Schulerfolg. Diese einfach durchführbaren Tests messen die mündliche Sprachkompetenz unabhängig von Fähigkeiten im Lesen und Schreiben. Neben 4 Heften mit Testanweisungen, Hilfen zur Auswertung und Fragebögen enthält dieses umfangreiche Paket Lösungsfolien, Bildkarten zur Vorlage während der Tests und zwei Audio CDs. Die Erfassung des Hörverständnisses im Deutschen und die Überprüfung des muttersprachlichen Wortschatzes in der Erstsprache Albanisch, Arabisch, Englisch, Französisch, Griechisch, Italienisch, Kroatisch/Serbisch, Kurdisch, Persisch, Polnisch, Portugiesisch, Russisch, Spanisch, Tamilisch oder Türkisch stehen hierbei im Vordergrund.
Die Durchführung erfordert keinerlei Kenntnisse in diesen Sprachen.
Das bewährte Testverfahren für Migrantenkinder!

4 Hefte zusammen 104 Seiten, DIN A4
13 Lösungsfolien, 14 Bildkarten, 2 Audio-CDs, im Karton
1. bis 4. Schuljahr
Best.-Nr. 3846

Lily Gleuwitz, Kersten Martin
Täglich 5 Minuten Sprachförderung
Anregungen für die Verbesserung der Sprachkompetenz

In **Band 1** zeigen die Autorinnen, wie Kinder mit kurzen spielerischen Übungen Spaß am Umgang mit der Sprache gewinnen können. So verbessern Sie das Sprachverständnis und erweitern den Wortschatz. Darüber hinaus festigen Sie mit dieser Unterrichtshilfe grammatische Strukturen, verbessern die Aussprache und die Wahrnehmung für Gesprochenes und trainieren das Gedächtnis.
Band 2 liefert Sprecheinheiten zu den Themen Jahreszeiten, Geburtstag, Feste, Tiere und Verkehr. Die Kinder sprechen einen Vers und zeichnen dabei mit. Dazu gibt es zu jedem Sprechzeichenvers die entsprechende bildliche Darstellung und Arbeitsblätter mit liebevollen grafischen Vorgaben zum Nach- und Weiterzeichnen.
Die ideale Ergänzung Ihres Unterrichts!

Band 1
Buch, 62 Seiten, DIN A4
1. und 2. Schuljahr
Best.-Nr. 3865

Band 2
Buch mit Kopiervorlagen, 80 Seiten, DIN A4
1. und 2. Schuljahr
Best.-Nr. 3791

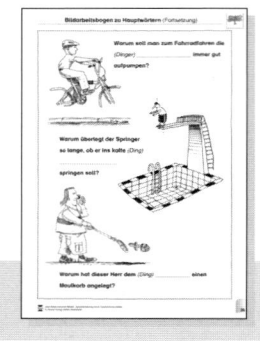

Julia Klein, Johannes Merkel
Sprachförderung durch Geschichtenerzählen

Witzige Erzählgeschichten mit Lerneffekten

In fantasievollen und witzigen Geschichten werden die „Stolpersteine" der deutschen Sprache behandelt: Verwendung von Präpositionen, richtige Bildung von Verbformen und Satzkonstruktionen oder treffende Bezeichnungen für Gegenstände. Zu jeder Geschichte finden Sie Material, das Ihre Kinder zum mündlichen und schriftlichen Sprachgebrauch anregt. Damit lassen sich zum Beispiel Sprachstrukturregeln einschleifen oder die richtige Sprachverwendung üben. Das Buch ist besonders geeignet für Lehrer/-innen der Klassen 2 bis 4, die Deutsch als Zweitsprache oder Migranten unterrichten und die Kinder mit Sprachschwierigkeiten fördern wollen.
Mit Geschichtenerzählen die „Stolpersteine" der deutschen Sprache überwinden!

Buch, 115 Seiten, DIN A4
2. bis 4. Schuljahr
Best.-Nr. 3781

Unser Bestellservice:

Das komplette Verlagsprogramm finden Sie in unserem Online-Shop unter

www.persen.de

Bei Fragen hilft Ihnen unser Kundenservice gerne weiter.

Deutschland: 0 41 61/7 49 60-40 · Schweiz: 052/375 19 84 · Österreich: 0 72 30/2 00 11

Mit Sprache experimentieren und Kinder individuell fördern!

Catherine Delamain, Jill Spring
Sprechen und Verstehen
Mündliche Sprachkompetenzen fördern

Anweisungen erfassen, einer Erzählung folgen, Gedanken äußern oder Gefühle ausdrücken – vielen Kindern fehlen dazu wesentliche Sprach- und Sprechkompetenzen. Die zahlreichen Übungen und Spiele in diesen beiden Bänden fördern diese Basisfähigkeiten in den Bereichen aktives Zuhören, Argumentieren, Begründen, Beschreiben, Berichten und Diskutieren. Zu jeder Aktivität finden Sie genaue Angaben zum Material sowie klare Anleitungen und Hinweise zur Durchführung.
Legen Sie auf spielerische Weise die Grundlage für Kommunikation!

Band I
Buch, 148 Seiten, DIN A4
Ab 2. Schuljahr
Best.-Nr. 3618

Band II
Buch, 160 Seiten, DIN A4
Ab 3. Schuljahr
Best.-Nr. 3611

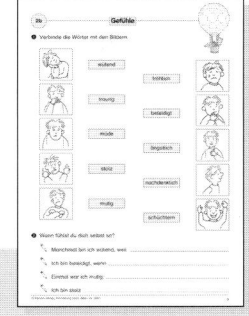

Heike Manthey, Ellen Müller
Vom Wörterlesen zum Textverstehen
Differenzierte Kopiervorlagen zur Entwicklung von Lesekompetenz

Wenn Kinder einzelne Wörter lesen können, heißt das oft noch nicht, dass sie den Sinn des Gelesenen auch verstehen. Mit diesen Arbeitsblättern führen Sie Ihre Schüler/-innen gezielt zur Sinnerfassung von Texten. Dabei gibt es jedes Arbeitsblatt in zwei Varianten: für Kinder mit größeren Leseschwierigkeiten und für fortgeschrittene Kinder. Vom Lesen und Zuordnen einzelner Wörter zu Bildern über das Verstehen größerer Sinneinheiten in Wortgruppen und Sätzen kommen die Kinder schrittweise zum Erschließen von Texten. Dabei führt das Verstehen des Inhalts oft zu einem Lacher – schließlich soll Lesen ja Spaß machen. Die Kopiervorlagen eignen sich ebenso für das selbstständige Lesetraining während der Wochenplanarbeit und im Stationenlernen wie auch für den Unterricht im Klassenverband.
Verbessern Sie das Leseverständnis – Schritt für Schritt!

Buch, 92 Seiten, DIN A4
1. und 2. Schuljahr
Best.-Nr. 3881

Inge Schmidtke, Hartmut Lange
Lesekompetenz entwickeln
Erzähl- und Sachtexte für die Grundschule

Systematisch und kontinuierlich verschiedene Lesestrategien lernen und anwenden! Mithilfe der pfiffigen Erzählungen, Märchen, Sagen, Fabeln und interessanten Sachtexte wecken Sie die Lesefreude bei Ihren Schülerinnen und Schülern! Abwechslungsreiche Areitsblätter helfen den Kindern wichtige Textinformationen zu entnehmen und Texte zu interpretieren. Indem die Schüler/-innen immer unterschiedliche Lesestrategien anwenden müssen, erwerben sie Schritt für Schritt wichtige Verfahren zur Texterschließung und Informationsentnahme. Ein unabdingliches Instrumentarium für das weitere Lesen und Lernen!
Und das Beste: Umfangreichere Texte gibt es auch in einer gekürzten Fassung!

Band I – Erzähltexte für die Grundschule
Buch, 90 Seiten, DIN A4
2. bis 4. Schuljahr
Best.-Nr. 3598

Band 2 – Sachtexte für die Grundschule
Buch, 72 Seiten, DIN A4
2. bis 4. Schuljahr
Best.-Nr. 3599

Unser Bestellservice:

Das komplette Verlagsprogramm finden Sie in unserem Online-Shop unter

www.persen.de

Bei Fragen hilft Ihnen unser Kundenservice gerne weiter.

Deutschland: 0 41 61/7 49 60-40 · Schweiz: 052/375 19 84 · Österreich: 0 72 30/2 00 11